JN438561

녹색 숲 향기

녹색 숲 향기

인 쇄 2015년 6월 25일

초판1쇄발행 2015년 6월 30일

지은이 강 영 순

펴낸이 양 상 구

웹디자인 김 초 롱

편집인 최 선 우

펴낸곳 도서출판 채운재

주 소 100-861 서울시 중구 삼일대로6길 13
(서울빌딩202호)

전 화 02-704-3301

팩 스 02-2268-3910

H.P 010-5466-3911

E.mail ysg8527@naver.com

정 가 12,000원

녹색 숲 향기

강영순 제3시집

도서출판 채운재

序詩

조락의 가을 인생
21세기의 비전 그림자
언제나 친구인 삶 속에 남기진 숙제

아른거린 보안경알 비친 생애
속박 없이 유유자적의 기로
가을걷이 노지 땅은 뽑혀지다.

내 마음 석연히 푸는 맑은 샘물
정성 어린 순수의 숨소리
광신적 망동 증폭에
촌음을 아낀 힘겨루기
일자리 창출 끝도 처음 같았다.

파도 굴레 맴돈 칭송은
욕망으로 해탈한 번뇌
마무리 작업곡선 소요된 피로
장대비 가뭄 끝에 상쾌하다.

불길 감상은 창조적 행복의 순간이라고
한 시름 덜어 주는 깊은 꿈의 조각
아름다운 삶의 결실 산고 끝에 피어나다.

梅花堂　姜榮淳

차례

1부
자연은 말하고 있다

가뭄의 단비 •12
겨릿소의 쟁기 •13
겨울 속의 봄 •14
겨울 일자리 •15
선구자先驅者 •16
어둠 밝힌 순백 •17
엉망진창 •18•19
자연은 말하고 있다 •20•21
촉박促迫의 앞가림 •22
갈림길 •23
가지런한 흥취興趣 •24•25
칠전팔기七顚八起 •26•27
그때 그 시간 •28
망망대해茫茫大海 •29
밀폐密閉의 별장別莊 •30
변심變心 •31
소박미素朴美 •32
속전속결速戰速決 •33
음습陰濕의 기운 •34
가시거리可視距離 •35
초월한 상상想像 •36

차례

2부
세월의 밀어

풍비박산風飛雹散 •38
허망虛妄의 도가니 •39
허심탄회虛心坦懷 •40
겨울 빛 •41
계절의 영위 •42
기억의 조각들 •43
때 늦은 갈무리 •44
무극舞劇의 향연 •45
바몬드카레 •46
색채의 향연 •47
설원雪原의 동심 •48
세월의 밀어 •49
수백水伯놀이판 •50
심포지엄의 넋 •51
어둠 밝힌 벼랑 •52
원색의 향취 •53
자연의 향유享有 •54•55
푸른 빙하 빛 •56
환상幻想의 기포 •57
황량荒凉한 벌판 •58

3부
유리 종지

꽃샘 추위 •60•61
내 고향 정읍 •62
방해 요인要因 •63
빗소리•64
삼 중 창三重唱 • 65
여정旅程의 빛깔 •66•67
유리 종지 •68
한설寒雪의 동산 •69
저승길이 대문 밖이다 •70•71
행동에 구속감 •72
제이第二 고향故鄕 •73
제삼第三 고향故鄕 •74
제사第四 고향故鄕 •75
제오第五 고향故鄕 •76
허드레꾼 •77
겨울 하늘 •78
곰 핀 존엄성尊嚴性 •79
파라다이스 •80 •81
새벽 길 •82

차례

4부
해미 성지 호야나무

세밑 온정 84
영구차靈柩車 •85
조준점照準點 •86
찌그렁이 그런 사람 •87
풍랑몽風浪夢 •88
혈액순환 •89
가을의 풍광 •90
갓밝이 •91
계절의 풍파 •92
매연 자락 •93
미친한 파워 •94
바스락 소리 •95
새봄 •96
칩거 생활蟄居生活 •97
성모동산 •98•99
풍년 거지 •100
해미 성지 호야 나무 •101
가을 향연 •102
겨울 향연 •103
고향의 풍광 • 104

5부
기쁜 날, 좋은 날

기쁜 날, 좋은 날 •106•107
앞만 보고 달리다 •108
역마직성役馬直星 •109
생동生動의 고취鼓吹 •110•111
세월호의 참사 •112•113
황혼의 향연 •114
겨울의 노파老婆 •115
골다공증骨多孔症 •116
끝이 보이는 곳 •117
내리막 길 •118
망연 자실茫然自失 •119
미리 보기 •120
새벽 재래시장 •121
설원雪原의 꽃 자락 •122
쇠잔 나무 • 123
시작始作과 끝 •124
입원실 불빛 •125
자각自覺의 시간 •126
情 떠남이 •127
무형無形 무적無迹 •128

차례

6부
막다른 골목

행사 날 앞두고 •130
홍시紅柿의 까치밥 •131
물 향기 수목원樹木園 •132
교활狡猾한 여우 •133
가요 산책 •134•135
막다른 골목 • 136
6 月의 하늘 •137
무대武大 •138
변천 바람결 •139
삼라만상森羅萬象의 채색화 •140
무미건조의 세만 •151
장기 자랑 •152•153

1부

자연은 말하고 있다

가뭄의 단비

뼈마디 오도독 쑤시는 삭신
신음소리 구중중한 잿빛 날씨

구들장 아궁이에 장작개비 군불 지펴
옛날 온돌방 아랫목 바닥 찜질은
관절염 치료 특효약 안성맞춤이었다.

엉거주춤 일그러뜨린 몸꼴
시나브로 우글쭈글한 시름 늘어뜨리다.

노골老骨의 발가숭이
익살스럽게 부러뜨린 수라장

아스라이 떠오른 심한 입덧
금방 먹고 싶어 침 넘어가는데..
일부러 먹을거리 숨겨놓고
모른 체한 것처럼,

겨울 땅속에 묻어놓은 김장독에서
금방 꺼낸 톡 쏘는 감칠맛 구미 당겼다.

검불 모닥모닥 모아 놓은
모닥불 부리나케 훨훨 타오르듯,
주룩주룩 내리는 가뭄의 단비 소리...

겨릿소의 쟁기

내 뒤를 뭉텅 짓밟은 몸 없는 누구인지
실눈 치켜 바라보며 쫓는 심술쟁이
치욕 견디어 등골 오싹 소름 끼치다.

발버둥 치며 생존 경쟁 미주알고주알
세월 공허에 엉망 추적 일삼아
빛바랜 절망의 설 땅 퍼떡이다.

비명의 갈구에 놀란
독재의 비릿한 실마리
조무래기 천진난만을 낮잡아
험한 수렁에 처박는다.

희끄무레한 공허에 아쉬움 저버리고
밤새 한숨도 비꼼 몰아 온 잠
적막의 이골 난 밤샘
망망한 바닷물 출렁 파야 했다.

생활양식 두메산골 산세
호연지기 자연과 더불어 기르며
겨릿소의 쟁기 잡고 콧노래 흥얼대며
하늘 높이 폭죽 터뜨리다.

겨울 속의 봄

공허속의 어둠 깔린 엄동설한
눈덩이 매 맞고 기죽듯이
아른거린 나목들의 속삭임
옴짝달싹 스스럼없다.

등골 휘도록 핫옷 두툼한
순백의 향연 속에
풋풋한 봄 샘 올려
영원의 삶 갈구하는
어둠 자락 침묵 푸석거리다.

메마른 파리한 밤하늘
촘촘히 성좌星座 뻗친 판타지

눈꽃 터널 해치며 능선 길
기우뚱 헉헉 걷는 등산객들
빙판길 쿵쾅 넘어지며
새큰새큰 발목 아릿거리다.

온난화 기복 심한 구닥다리 시련
얼어붙은 주둥아리 나풀대며
회갈색 숲 기품 새순 연둣빛이
그립게 묻은 마음 토착하고 있다.

겨울 일자리

핑크빛 겹겹으로 다소곳이
사념 깊게 피어난 동백꽃송이
겨울 일자리 시새움 홀로 안고
꽁꽁 묶인 치욕 전쟁 앙증맞다.

맵찬 거드름 부린 오만
싸락눈 살포시 내려
보람찬 슬기 한데 어울려
온 세상 피어난 생명력
굳건히 버티고 선 나무
꽃잎 한 잎씩 포갠 정열의 불꽃
아득바득 숨구멍 트이고 있다.

공황恐慌 사태 몰림 감내하며
오싹 거린 조바심 삐뚤거리다.

경기 침체 몰염치 돌파구 훔쳐
제자리 일 성장시킨다.

어김없는 성실 근면 쌓아
미덕의 자석구실 핑크색 빛내
엄동설한 겨울꽃 살찌우고
복닥거린 겨울 일자리 지탱하고 있다.

선구자先驅者

베란다 핑크빛 동백꽃송이들
기별 없이 활짝 피어난 선구자
푸르른 잎 사이마다 앙증맞게
꿋꿋이 새 생명 덧보인 성장력
기탄없이 매력의 포말 쏟아낸다.

어둠 밝힌 북방위의 지침
다소곳이 고즈넉한 북극성 밤빛
쉼 없이 흥청망청 흘려보내
밀폐의 걸림돌 촘촘한 공백 북적대다.

제자리걸음 밟는 불황 스트레스
훈훈한 겨울 연 휘날리며
지구촌 마른 불행
창공을 차고 실어간다.

야윈 움츠림 속 자연과 행복
생환 아리며 등골 맵찬 비만안고
은빛 설원 대 질주 연습하는
삶의 굴레 맴돌아본다.

어둠 밝힌 순백

성깔머리 뾰족한 꽃잎
일곱 쌍 팝콘 꽃봉오리들
위아래 입술 꼭 다문 침묵형
계단식 층층 질서 정연히
곱게 피어난 행운 목 꽃송이
6년 동안 고이 자란 순백의 꽃이다.

어스레한 땅거미 무렵부터
흰 보랏빛 꽃잎 덩어리 아귀다툼하며
꼭짓점에 좁쌀 꽃 멋스런
승리의 월계관 씌워지고
약속이나 한 듯 흰 불빛 확 그어댄다 .

싱그러운 녹음 짙은 향취
온 거실, 방구석마다 향유 감지하다
행운 목 꽃피어 오르면
가정의 길조가 있는 조짐이라고...

낮엔 오므라뜨리고 어두운 밤에만
활짝 피어오른 향연은
어둠 밝힌 순백의 적선 숨어 쌓아올려
밤의 꽃으로 불러본다.

엉망진창

애지중지 아꼈던 보배로운 물건들
금, 은, 수정, 사파이어, 루비, 오팔보석…
색깔 성능 눈부신 융단 자락
보물 함에 정성껏 넣어둔다.

귀중히 낱낱 고이 보존하고
미래상 믿음직스럽게 묻어둔
매끄러운 구상 만만치 않다.

각양각색의 자립 행보들
신세 망친 성공의 치욕 곤두박질

꼬마 손 붙잡아 줄 때
청순한 외모 어필하고
엄마의 약손 놓아
간섭 떨 군지 영겁의 세월

어느 보석 행군은 승리의 평화
다른 어느 보석은 불행의 장벽
우중충한 기우 시달린
묘연의 행방 모멸시키다.

앙상한 천덕꾸러기 나뭇가지
새김질하며 엉망진창 방어에
억척스런 지구력 기르고
망망대해 항해하다.

자연은 말하고 있다

우주의 인간 삶의 틈바구니
풍성한 자연의 지구촌
전세 삶 누리고 있다.

감나무 가지마다 붉은 감
주렁주렁 달린 만추의 계절

세속의 숨 컥컥 막힐 때
자연은 텃새 받아
새 생명 친 환경 보호하고 있다.

주렁주렁 붙은 큰 감나무 주체 못 해
전셋값 올려 떵떵대다.

듬성듬성 열어있는 대문간
작은 감나무 전셋값
낙동강 오리알 떨어지다.

경기침체 모르쇠 한 큰 감나무
여유로운 전셋값
껑충 뛴 즐거운 비명 부르짖다.

작은 감나무 경기침체 감당 못 해
하강기류에 뜨거운 현기증
자연으로 돌아가라 입속말 재잘대다.

촉박促迫의 앞가림

눈 코 뜰 사이 없는 삶 터전
뜨내기살이 촉박의 심상은
현란絢爛한 꿈 창창
가슴 뭉클 비적 거리다.

추측의 무늬 요량 없이 달빛에 내다 널고
파도의 포말 흰 나래 너울대어
헝클어진 몫의 슬기
우유부단優柔不斷의 엿가락 S字로 휘다.

서편 하늘 노을빛 물끄러미
반추反芻의 새김질 서걱거리다.

사기충천士氣衝天 쪽팔려
주섬주섬 빛바랜 기개 챙겨
노파 오금 저린 사나운 주제꼴
맹꽁찡꽁 떠돌다가
짜굿이 눈꺼풀 쭈글쭈글 감기다.

짧은 가시거리 영혼 닻 줄 매어
얼뜬 마음 부산떨어
앞가림 다부지지 못한 고주망태
어쭙잖은 벌거숭이 내숭 떨다.

갈림길

세상에 태어난 갓난아기
태양 빛 눈 부신 생명력
움튼 소름에 명랑한 울음소리.

엄마 젖꼭지 언저리
배고픔의 선연한 섭리
살포시 보조개 웃음 날리다.

生과 死 아스라한 매연
폭죽 터진 매몰찬 성격
웃음 울음의 연타 홈런은
풋풋한 갈등 살갑게
파산 위협 모면 하여
아울린 순풍 불어 닥치다.

치마 폭 휘감은 갈바람
꺼무데데한 사연 무덤
먼발치에서 불 지핀 영, 육
메마른 거푸집 갈구 한다.

재산 잃은 것은 적게 잃고
명예 잃은 것은 많이 잃은 것
건강 잃은 것은 모두 다 잃은 것이다.

숨어 우는 소슬바람 으스스하다.

가지런한 흥취興趣

어둠 가시지 않은 새벽녘
골방 창가에 가득한 차가운 달빛
희끄무레 방안으로
빽빽이 들이밀고 있다.

어느새 동튼 하늘빛
태양열 참 추운 겨울
침침한 눈 밝힌다

갸륵한 달빛 가지런히
물러앉은 정취 다소곳이
덧보인 을씨년스러운 가난
퍽 못 이겨 낸다.

물렁 속살 시린 얼음덩이
썰렁한 구름 뒤덮고
파리한 으스름달 헐렁거린 매무새
무아경 빠진 고즈넉한 달빛
가지런한 흥취 멋 막힘없다.

명절 때 새벽달 일자리
고향길 부귀공명 사랑 빛
조상 섬기는 색채 향연
축복 행렬 황홀하다.

해 맑은 새해 아침
생태 정원 꿈결처럼 물떼새들
선회하며 주둥아리 모아 빙긋 대다.

칠전팔기七顚八起

간장 된장 맛 1년 운수
메주 몇 덩이 장독 안에 넣어
간국 풀어 가득 퍼부어 놓고
며칠 동안 푹 삭혀
토속 간장 맛 구수하다.

장맛비 아니면 소금 간물 탓인가..
항아리 안에 검정 꽃잎 떠올라
메주 속마다 쉬슬어 꿈틀꿈틀
고약한 배설물 코를 찌르다.

번번이 매년 간장 담그기 실패失敗
노기 서려 공황恐惶 상태에 이르다.

구더기 무서워 장 못 담글까...

주눅 든 솜씨 끄트머리
정성 쏟아 또다시 또 담그니
장독 안 새롭게 흰 꽃잎 피어나
얼빠진 구린내 가뭇없이 사라지다.

장쪽박 유랑流浪 띄워 놓고
간장 뜨러 오가는 종종 걸음
콧노래 흥얼거리며 칠전팔기
클라이맥스에 이르다.

그을린 주방 창문에 스며든
햇살 유난히 해말갛다.

그때 그 시간

석양 녘 산기슭 마을 지붕마다
꾸역꾸역 굴뚝 용틀임 매연,
흙 갈색 굴뚝새,
뭉게구름 덮어씌워 공유하며
모락모락 산산 헤어지다.

애당초 순백의 순수성
빛바랜 무용지물로
파고 든 거푸집

태반에서 갓난아기
발가숭이 채 나불거려
그 시간 무지개색 옷매무새
신맛, 단맛, 쓴맛
차례대로 입혀본다.

배고파 칭얼대는 갓난애
먼발치에 보였던 그때
아득히 머나먼 길
엄청 부풀은 그날의 이야기들

숨 막힌 영靈 물든 노을
매몰차게 마지막
뱃고동소리 요란하다.

망망대해茫茫大海

항해의 검푸른 바닷바람
뱃고동 울리는 소리
사나운 파도 혓바닥 넘실거리다

등대 불빛 시름한 뱃길
가년스런 감각 길 잡히지 않아
반편이 경이의 고집
허리띠 조르다.

애환의 굴레 지각없이
저뭇한 안개 낀 물마루
그 해넘이 해맞이 뜸 들이다.

허심탄회 아득바득
애간장 거푸집 되어
제야의 종소리 희망찬 새해
기강 분위기 쇄신되다.

욕구불만 기운 꺾인 좌절
심란 버티어 아릿거리다
맞서기 버팀은
고무적인 항구 안착 거침없이
급기야 흔들어대며
망망대해 유영하다.

밀폐密閉의 별장別莊

적요 속에 감쪽같이 묻힌
추억의 피막被膜 우쭐대는 반나절
헤어짐, 서글픔, 보고 싶음
한껏 머릿살 할퀴어간다.

내정 선회하는 산 능선 탄
앞서 갈림길 감돌아 친 둘레
산기슭 스멀거린 갈바람에
아롱다롱 단풍잎 하릴없는 낙엽 꼴

자자히 산머리 구름 일어
절정 애환 무늬 지근지근
내깔긴 아린 마음 부지 못해
밀폐의 별장 고스란히 어리비치다.

친족 동아리 속 앵돌아진 곤혹
널리 회자膾炙 시끌벅적
안달복달 어색한 본척만척 기색
영겁 세월 초연히 부딪쳐
속전속결 감정 잡아
안성맞춤 도태淘汰되기 일쑤

들녘 풍경 처연한 연풍 솔솔
삽상한 횃불 밝혀
혈족 붙이 화해의 물꼬 콸콸 트다.

변심變心

찬 이슬 내린
스산한 가을 문턱
은은한 가요가 뜬금없이
혼탁한 감정 거물거리다.

지난 추억 거슬러 잡힌 머릿살
군던지러운 希求 빗발쳐
정신 날 듯 약한 불빛 들쭉날쭉

어느 누가 슬프게 어렵게
시린 가슴, 마음 얕잡아
미끄럼타기 아차 놓치고 죽치어
변심의 속내 증오심 곡성 뒤덮은
사악의 술책 살점 밀어
으르렁 20년 동안 움푹한 그곳

궁상 떤 혼신渾身 마구 새침데기
새콤달콤한 오렌지
새 맛 호탕한 방종이
호박꽃도 꽃
얕은 안착의 짓거리 작태
파렴치부린 응석 겸연쩍어
돌부처 고개 기색 없이 돌리다.

소박미素朴美

순수, 소박, 순량 초월한
연두 잎 새 향연
비단결 반지르르 매끄럽다.

젊음 속내 쾌적감
혈기왕성 충전하고
산 따라, 물 따라 자연의 섭리
어린이 리조트 장만해준다.

아늑한 순 맥의 물줄기
골 타분 한 모리배 술책 신음 소리
귀 고막에 억지로 틀어넣어
딴청 일부러 들숨 날숨 틈 없다.

아지랑이 피어오른 봄 들판
구중중한 어스름 내리깔린
옛 그리움 타성의 무아도취 상념에
흠뻑 아릿거리다.

가을 햇살 머금은 억새
초토의 군더더기 잿더미
현실의 중압감 가랑잎 날리고
애환의 활로 열리다.

속전속결速戰速決

봄철 연둣빛 숨죽인
징검다리 두 발자국 뜀질하여
여름철 짙푸른 숲속 들숨소리
산사 종소리 적막 깨트리다.

징검다리 세 발자국 건너 세고
가을볕 추풍낙엽 검불 빛
바스락 초췌의 몰골사납다.

징검다리 네 발자국 긴 다리
대번에 건너뛰어
벌거숭이 산자락 은빛 누리
겨울 볕 엄동설한
지구과학 무궁무진하다.

무대의 무언극 유니폼 벗 삼아
선진대열에 속전속결로 가는
우주 돌고 돌아 정월 대 보름날
맹풍의 창공에 연 날리다.

음습陰濕의 기운

칙살스런 검버섯 같은 증오
항아리 속 바닥 깔린 女人
동네방네 소문 자자한 바람둥이
메마른 살갗 뻔뻔스럽다.

어느 지역 풍설인지
빨가벗고 맹추위 2km 달린다는 인심
잘난 체 돛 올린 라이벌 위아래 층
구둣발로 뭉개어 짓이기다.

철부지의 현란한 한 토막
샘 부린 꼴같잖은 얄팍한 억척
사람이 사람 싫어함은 본인 탓이랴
소름 끼친 만남 야위어간다.

엿가락 찐득찐득 접착제
눅눅한 음습 기운
엄청 부푼 괴괴한 몰골
치근치근한 선을 위로 치긋다.

꽃잎, 가랑잎 일렁이는 바람결
서걱대는 숲길 산새 날갯짓은
노기 진 혼 얼빼어 흩뿌리다.

가시거리 可視距離

새벽녘 안개 자욱한 어스름 타고
가시거리 현상 투박한 걸음
좁혀지고 넓혀진 거리가
차량의 교통난, 항공기 이착륙 난항
신호등, 항공기 등화 없이
인류 삶의 샘터 몸살 얄궂다.

기후 급변의 산출 응석 부림은
눈동자 정기 번뜩이고
간이역 엿보인
삭막의 산골 오지 팽개쳐
전봇대 조명 밝힌 갈림길
미명의 평탄 길 찾아간다.

참담한 몰지각 구닥다리 울분은
목표 방향 거리 신호 불빛 따라
옹벽 튼튼히 세워지다.

뇌전 강타의 장대비에
줄행랑 빗발친 죽살이 전율
이탈의 곡예 없이
세상 고해 바다 등대 빛 움직이다.

비 개인 아침 가시거리
가뭇없이 사라지다.

초월한 상상想像

수척한 장딴지 팍팍 거려
살얼음판을 디딜 틈 나위 없다.

현실의 지각없는
선연한 꿈결 걸맞지 않아
몰지각의 상상이던가

몸 달은 야윈 산더미 움켜쥐고
아지랑이 몽실 걸머잡아 당겨
옥상에 과실, 남새밭 가꾼
찬란한 四季節 꽃망울 틔워본다.

흐트러진 매무새 집요히
그림자 잡고
어지럽힌 담배 매연 속
머릿살 파묻혀
신혼 꿈 몽상에 어리어
아집 망각한 취객 횡설망청
여가 초연해 하며

유명무실한 희망의 불꽃
어안이 벙벙한 철부지
어스름 타고
사방팔방 내 것 인양 어리비치다.

2 부
세월의 밀어

풍비박산風飛雹散

형형색색 옷차림한 단풍잎들

희로애락喜怒哀樂 바람결에 실려
만추의 추풍낙엽 우수수 처절하다.

젊은 패기 전성기 갈바람 타고
골골한 언덕배기 헉헉대며
설한풍 겨울나기 곤고하다.

아득바득 살림살이 담금질은
지각없이 끌려간 수레가
귀염둥이 경망의 행동거지
풍비박산 기다릴 줄이야..

지친 혼곤 볼멘소리
잇따라 실패의 도가니로 몰아넣은
혼곤 아수라장 너울대는
침묵 혼탁 어린 불장난의 기다림

음산한 바람 헤치고 돛 올린 배
넘실대는 파도 망망대해로
후회막급 털어 우레탄 길
뚜벅뚜벅 푹신한 걸음거리다.

허망虛妄의 도가니

앞서거니 뒤서거니 어느 누구보담
사려思慮의 지글거림 더해간다.

빗나간 파렴치한 차례의 선율
후들거려 허망의 꿈 아릿거리다.

실패된 가죽 굴레 얼떠
업신여김 지친
꾸중한 강물 늪 뱅~뱅 자박대며
헛수고 군더더기 헤집고
어물쩍 구닥다리 속내
공포의 현기증에 시들다.

오한懊恨 거머쥔 땀방울
등가죽 마구 흘러내려
야트막한 격려 기죽지 말라며
여울 물 뒤집어씌우다.

만고풍상萬古風霜 엎치락뒤치락
발돋음 친 볼멘소리
들숨 날숨 내지른 가슴팍
아집의 갈피 호락호락
요란 떤 맹꽁찡꽁
허망의 도가니에 몰아쳐 넣다.

허심탄회虛心坦懷

길거리 헤매는 행인들의 숨결
아치형 넝쿨장미 울타리 서성이며
사념 없이 모른 체한 눈치레
속내 능글맞게 교환하다.

검은 영상의 뉘엿거림
눈요기 마주치는 넋두리
엉뚱한 웃음으로 철부지는
노심초사한 눈칫밥 모르쇠
마음속 아수라장으로 범벅이다.

노령의 내리막길
돌부처 햇무리만 가뭇가뭇
바라보는 시늉만
위안 얻음이 너뿐이더냐...
세간살이 손 놓아 집어삼킬 셈인가.

모색暮色의 모자이크 미술품
늦은 봄비 후줄근히
파렴치한 적막 속에
서편 하늘은 허심탄회하다.

겨울 빛

희끄무레한 얼굴빛 모습
잿빛 하늘 비상하는 까마귀 떼 지어
온 시공時空 부옇게 반영하고 있다.

정착 버스 오르내린 승객마다
거무칙칙한 바지 저고리 치마자락
하늬바람 휘감아 하늘대다.

봄여름 가을 겨울 옷 날갯짓
생존경쟁 애틋한 여운
발버둥 친 생명의 요동 속세
삭풍 살 에인 듯 겨울 끝자락
한촌의 궁벽 우쭐거리다.

배추속대 겹겹 잎사귀
순백의 유니폼 광채가
옷가지 수 앙상블 이룬
어엿한 매무새 동영상 움직이다.

초라한 허상 어귀 어슬렁어슬렁
어스레히 흰 빛깔 가죽
홀랑 벗긴 채
구태의연한 삶 부스러기 주섬주섬
황홀 대오隊伍를 지어 나아가다.

계절의 영위

새하얀 눈송이 안개비 휘날려
동심 마당에 푸짐한 산덩이 쌓아놓다.

애애한 자수 비단 요 깔아 눕힌 눈밭
함박꽃 나래 맹풍 날려 여지없이
겨울빛 옥상 빨랫줄 스쳐 간다.

이불소창, 겹이불, 옷가지 눈보라 엉킨
추진빨래 말끔히 말라 마름새 놓은
고소한 형형색색의 생애
먼발치 맵시 선보여 준다.

반지르르한 눈 거울 언덕바지
미끄럼 방아 찧은 아픔도 사라진 길손들
눈썰매 타기 눈코 뜰 새 없는 아이들
눈싸움 동아리 지어 야구시합 기운차게
눈 뭉치 날리는 야구방망이 하늘 찌르다.

여름 발줄 포용한 白衣자락
순백의 유니폼, 눈빛에 눈부신
설원의 사랑 시샘하던 전망의 계절
풍요히 삶의 영위 꾸려 나가다.

기억의 조각들

후줄근한 정신 감내하며
늘쩍지근한 몸뚱이
가마솥에 꽉 싣고
넘겨짚은 속내의 반추

젊음 기능 꽁무니 달라붙어
노련미 우러난 꼴불견
노후老朽한 살림살이
범벅의 미완성 무안하다.

밤새껏 잡친 눈꺼풀 고갈된 정서
안개 병풍 쳐진 동강 낸 숙제 물들
가지런히 빗질해 가며
묵묵히 어물쩍 넘겨진 산전수전
시하 층층 시집살이 적
질매叱罵 몹시 무미건조하여
정갈 유순 떤 전율 무르춤하다.

또 무슨 이름 모를 싯누런 길목
기다리고 있음인가...
차림새 꾀죄죄한 빛바랜 노령의 서식지
표상 억눌러 가쁜 숨 내 쉬며 허허거리다.

때 늦은 갈무리

누구 탓, 내 탓 가려내는
아쉬움 애틋하게 눈빛 구른
되돌릴 틈 없이 때늦은 지각생이다.

너무 앞서가는 지고의 현실
방황의 질곡 질타 무릅쓰고
옛 추억 빛바랜 기우杞憂에
헝클어진 피력의 소신 털리다.

갈등, 모순, 부패의 부스럼
초연히 감정 뒤집혀
오리무중五里霧中 아물아물 하다.

늦게야 추태의 몰골
봇짐장수의 타성 구애되어
바람둥이 일깨운 부심腐心으로
추악한 낯짝에 말끔히 뻠이개 쏘아댄다.

살림살이 곤뇌히 시달리어 휘져서
손때 묻은 세간치장 인사치레의 주름진 손
멀리서 바라다보는 입맛 얼근하다.

넉넉한 미소 동강동강 생긋이
명멸明滅하는 네온사인처럼...

무극舞劇의 향연

겨울은 겨울답게
4월에 장독 깬 폭설 기록 세워
박테리아 전멸 소동 시위대 모집
설운雪雲 머금은 햇살 빗질 메우다.

봄. 여름. 가을. 겨울 일 년 한동안
묵극默劇의 조명, 효과음 열악한
귀천, 살벌경쟁 일몰 바라보며
시간 엄수 매듭 여장 갖추다.

봄은 봄빛 고스란히
때 찾아 꽃다지, 남새 푸성귀 싹 튼
옷매무새 무대 효과 가상스럽고

무성無聲 외침 가득 찬
맵싸한 볼멘소리 음흉스럽게
불타오른 현란한 채색화는
자연 낭만浪漫 낭랑히
혼기의 향유享有 물꼬 트다.

질서정연한 인내, 자숙의 실바람 물결
생태 공원 보존의 안녕과 행복을
삶의 속사俗事 그대로 초연히 누리다.

바몬드카레

떨떠름한 날감 맛 같은
아침 입안
별미로 바몬드카레를
식탁 위 놓은 찰나刹那
눈시울 붉혀 마음 저미다.

갖은 양념 웃고명 듬뿍 뿌린
나물 무침 골고루 퍼 날라
준 때면 어느새
보답 챙긴 오간 깊은 정
따끈한 바몬드카레 담긴 뚝배기
자랑단지 홍당무 얼굴 빛깔 곱던

지금 어느 아래 애절한 절규
수놓아 북 받쳐있는가...

천변지이天變地異의 괴변도 아닌
애련의 계약 막을 재간 없이
헝클어진 실타래 사린 뭉치
시곗바늘 되짚어 돌아보며

사랑의 애틋한 여운
우수 끈적대며 새까매져
오독오독 야윈 관절 곤고히 누레지다.

색채의 향연

땅거미 진 한 해의 끝자락
해름 빛 거무데데하다.

음습한 계곡 언덕바지 천막
가까스로 배랑 끝 걸터앉아
해넘이 채비 심수深邃하다.

목청껏 육박 지른 허심
너부죽이 늘어트린
아늑한 낭만 텃새
다그쳐 모골이 송연悚然하다.

별들 촘촘히 박음질 무늬뜨기
청승맞은 시린 그믐달
허탈 색채 삼키고
새해 바람잡이 밝아 온
뛰어난 새 옷 맵시
겨울 속의 봄 단장하다.

설원雪原의 동심

기상 이변의 눈 폭탄
100년 만의 폭설 세례
숨 가삐 겨울꽃 날래다.

하얀 천지 눈 세계 야구장
굵은 눈발 헤치며
살 맛 난 개구쟁이들
아빠 손에 손 붙잡고
겨울 하늘 홈런 날리다.

발바리 한 몫 꼬리 치며 껑충
데굴데굴 재주 피우고
시린 꼬마 손 입김 내뿜어
설원자락 굴려
둥근 바위섬 미련퉁이 이루다.

골목쟁이에 공차기 아이들
행인의 발치 날아든 공
날렵히 축구 시동 걸어본다.

공중 비상하는 눈덩이
하염없이 허욕 불타는 노파의 동심
그저 날로 유분수지...

핫 옷 덮은 나목 가지
축 처진 갈피 채 뭉그적거리다.

세월의 밀어

서녘 해거름 설핏한 늦가을
붉은 노을빛 뉘엿뉘엿 부려
지체 없이 툇마루에 걸터앉다.

갈바람에 바삭바삭 낙엽 뭉텅이
가을비에 아름드리 나뭇가지도 후줄근하다.

古木의 나잇살 밝혀
노추老醜의 거친 숨결 더듬이질
산척山脊고개 들쑥날쑥 궁상떨며
가을 끝자락에 날렵히 목매달다.

찬연한 봄빛 청초한 미소
내 곁 짐짓 떠나 헤집은 계절의 순리
홀연히 먹구름 바다 무늬 담뿍 깔아
막바지 클라이맥스 허기지다.

혼신渾身은 영혼과 조우遭遇를
조급히 덥석 움켜쥐고
늙은 지팡이 횃불잡이로
때 늦은 자리다툼 터벅터벅
얼뜬 목소리 숨 가삐 숨박질 숨는
꾀죄한 회한에 속수무책 되뇌며
서럽도록 세월의 밀어 듣는다.

수백水伯놀이판

천지지이天地地異의 괴변
기습 폭우는 도심 물바다 잠기고
무지막지無知莫知의 날쌘 수백 떼
차례 모실 제물 싹쓸이
날치기 삼킨 날강도 작살이 난다.

한가위 조상치레 치다꺼리
죄스레 허탈감 죄어들어
고이 보전된 삶 터전
호된 매 얻어맞은 벼락방망이
북받쳐 애통 울음들은 귀가

밝아온 새날의 갓밝이 새벽녘
수재민 딱지 붙여 놓은
못 견딘 애련의 심연

인간시장 눈물의 호반 한꺼번에
격양된 재액災厄의 불행은
구원의 양지 무관히 파렴치하다.

애간장 분기 일어 싸맨 붕대 길이
비굴의 곡예 장기자랑 수백 놀이판
회유回遊의 시침 한가로이 유람하다.

심포지엄의 넋

북새통 이룬 투박한 말싸움
흥분 고조 띈 고주망태 타령
안개비 덮인 공격태세 뒤틀리다.

구릿빛 얼굴, 벼랑 끝에 구둣발 높여
골머리 빠진 봉변의 원천 누레져
곤욕 음률 해일 넘쳐 흘린
억압세력 애꿎게 부리다.

말썽꾼 폭동 대란 이벤트
길고 짧은 언쟁 시비 갈음 탄 全線
뉘 탓할 나위 없는 우악스런 도가니
맞장구친 혼미 백산은
갈피 못 잡은 참혹 아둔패기
소각장 수레 속 냅다 실어 나르다.

울분 입술 깨문 원통 누더기
일사불란一絲不亂 흐트러진 조각
무안스레 버거워 경악스럽다.

승승장구乘勝長驅로 이긴
절개 험악한 그림쟁이 수채화
생기 처량하게 세태의 덧칠 기로에
속절없이 마구 몰아세우다.

어둠 밝힌 벼랑

쫓기다 저녁놀 수놓은 병풍
남은 길 천방지축 뛰어넘은 궁벽은
지고의 지나친 어둠 끝 벼랑
소슬바람 처연히 술렁거리다.

고막 터질 듯 격양된 갈림길
이건 아니야! 일축한 반추
드높은 목청 맴돌아선 뜨거운 고취
먼저, 늦게 덧거름 칠하고
구릿빛 햇살 나무 끝에 아련하다.

고상高翔하는 새떼의 혼신
깃털 구름 속 나래 펴
난이도難易度로 갈팡질팡 헤집고
무모한 풍랑의 범람 분기 일어
울안 헐겁게 풀어 놓는다.

분간 없이 여운의 정취
헐레벌떡 짙은 한숨 내쉬며
널브러진 역풍 독차지한 굴레
청초히 해거름 맞이하고 있다.

원색의 향취

가면의 탈놀음 얼굴 형상
마음의 탈 벗기지 못한 흥겨운 탈춤
한바탕 땀방울 흘린 평화의 사조

눈 가린 거짓 꾸민 표정의 날개
남을 사귄 정체 털어 애태움은
파렴치한 증오심 휘둘러 놓아
속마음 드러낸 탈춤의 바닥선

원색의 향취 널브러진 생김새
갓밝이 어슴푸레 잊은 원색의 탈
뿌연 하늘에 멈칫하다.

고취 열렬한 약동의 향내 올린
닦아 놓은 소양 검정빛 깔려 놓고
불후의 탈 시궁창 늪에 아장아장
벗겨 문질은 환락에 파묻히다.

탈놀이 애꿎게 연막 터트린 주위
클래식 음악 소리 빵빵 울려 퍼마신
은빛 나래 펴 고귀한 생태놀음
유영의 자유 생기 돋아 날다.

자연의 향유享有

성탄 캐럴이 흘러나오는 길거리
설한雪寒속 제야除夜의 종소리는
저뭇한 모색暮色 어스름 타고
한해 마지막 온갖 시름 털어
추스른 모색의 굴레 시무룩하다.

소외된 갈구의 노이로제
허리띠 졸라맨 추억 겨냥한 듯
허우룩한 울적 쌓아 올려
마지막 세밑 빛 천연덕스럽다.

가지각색 비겁의 욕구불만
재기의 꿈 고무적 기세 享有하며
열악한 세태 고로롱 거리다.

명주 비단 옷감 홍두깨 다듬질
두 방망이 마구 내리쳐 반들반들
다듬잇돌 기세 돋우는
호화채비 방방곡곡 비명 지르다.

선달그믐 철딱서니 레벨 높게
대오각성大悟覺醒 물색하며

눈치코치 없이 더디 찾아든 봄
치근댄 춘설春雪 와글와글
벼랑 끝에 눈송이 낙화 떨어지다.

푸른 빙하 빛

어스름 타고 내리깔린 막막 산중

땅거미 어스레한 골목 어둑하다.

창문 틈 얼비친 중천의 보름달
옛 친구 반갑게 조우한 듯
희멀건 눈동자 저절로 굴리다.

봉사 헐값 팔아 치운 해쓱한 미소
낯선 밤길 석연히 풀린
호롱 불 밝혀 새치미 땐 쌀쌀함
파란 물결 밤새껏 유영하다.

청상 수절 고고히 바싹 야윈
서슬 시퍼런 보자기 속 독불장군
하수의 반추 살가운 척
언덕배기 마름새 차림 맵시
애환의 채색 질 궁벽하다.

구릿빛 살갗 덩이 그을린
덧없이 수줍음 몹시 가증맞게
무언의 푸른 빙하 빛 담담하다.

환상幻想의 기포

가을 없는 겨울로 다가선
갈대밭 강가 겨울빛 드러내다.

거침없이 훌쩍 자취 감춘
가을 단풍 알천 같은 향연
쇠진한 그림자 은색 강물 속 눕혀지다.

모래사장 구보驅步신발 벗겨진 체
조개껍질, 뺀지르르한 조약 몇 돌
주워담은 주먹 안 말벗 삼고 있다.

웃고, 울고, 슬픔 조우한 옛 친구
투명한 포말 덧없이 근거지 대고
주홍빛 석양 고소히 옭아맨
할망구 할아범 노련미 잡동사니들
환상 깃든 산 능선에 종적 감추다.

황금 빛살 표연히 떠나보낸
먹먹한 계절의 정취 흠뻑 젖어
고고한 실타래 엉클어진 나이테
엎친 데 덮치기 없어 삶다가
감춘 행적 오리무중五里霧中 케어 묻는다.

황량荒凉한 벌판

오래전 내려온 말재간
아내 자랑은 팔불출八不出이라 했다.
자식. 손자. 손녀 자랑도 팔 불 출?

붐비는 예식장에서
하객 틈바귀에 끼어
손녀 외고 합격 자랑단지
분별 모른 궁색 티 낸 사리심射利心

자초지종 밝힌 때와 장소 없이
심사숙고 무색의 반편半偏짓
세찬 올가미 씌운 행동거지
시기. 질투 텃밭 스스럼없이 가꾼
넋두리 스멀거리다.

척박의 토양 황량한 벌판
초연히 걸어가는 쇠잔의 적요가
나는 나, 너는 너 가슴속 혼불이
시샘 결핍증 여정 속 응석받이 버릇
머쓱한 꼬락서니 꼴불견이다.

저만치 앞선 그림자 쫓은
허심탄회한 채색 바람 설친 뒤끝
결연의 운치 무안히 사라져 가다.

3 부
유리 종지

꽃샘 추위

겨울 끝자락 가지 않은 봄기운
봄날 시샘 없이 죽쳐 머뭇한 꽃샘추위
계절 용틀임 희망 솟구친 틈새마다
마지막 웅크려 칩거 파묻혀
새싹 새순 느긋이 잔뜩 부푼 사욕
눈치껏 떼쓴 나목 발버둥 치다.

미련 아픔 떨치려 타들어 간 갈증
하거나 말거나 모르쇠 제일이듯
잠자코 새침데기 몸짓 분기 일다.

겨우내 버텨낸 겨울 동백꽃
길바닥 떨친 꽃송이 시름 깔린 채
봄 들판 다소곳이 아지랑이 피어오르다.

한설寒雪 털어 만개의 개나리꽃 목련꽃들
일찌감치 낙화 되어버릴까....
주눅이 연두 잎 새 봄물 맞을 설렘
물 따라 발길 따라 꽃샘 화살 바람
한없이 애쓴 욕구의 포말 지펴
수채화 푸른 향취 열망 가득히
긴 한숨 풀무질 열꽃 부추기다.

불볕 고린 땀 뻘뻘 적신 옷자락
검붉게 그을린 여름 색향의 용모
정수 정숙 타오른 땡볕 활 달아오르다.

내 고향 정읍

세상 물정 어둑한 갓난아기
엄마 젖꼭지 힘주어 빨아들일 때

포근하고 따뜻한 엄마 손에 손 붙잡고
겁약한 유년시절 앞뒤 갈이 못한
해맑은 눈동자

하늘 높이 연 날리고
푸른 물 넘실대는 냇가 종이배 띄우며
안온한 환상의 꿈나라 세계로 갈 때

부모 슬하 멋모른 시절
오롯이 학업성적 시험대 위
미래목적 길잡이 수련 고역만을
맑은 샘물 마시며 청운의 꿈 안길 때

마라톤 경주코스 출발점의
청 소녀 두둑한 배짱
휘파람 바람결 나부낄 때

구둣발길 달가닥거린 소리
애환의 그림자 드리운 부모 온정,
옛 추억 고스란히 남아도는
내 고향 정읍!

방해 요인要因

행사 날 받고 난 초조와 불안감
가장 빛나는 추억 절절히 다듬는데
날씨 변동의 염려와 애태움 벗
야박하게 쏟아 붓는 늦봄 소나기!

고객들 갈은 옷 빗발에 무료한 얼굴들
겸연쩍은 어색함에 부대낀 운치
까맣게 타들어 간 침묵 매연 뿌옇다.

한나절 매정스런 빗줄기 시무룩한 방해요인
팔랑개비 철없이 팔랑거린 가쁜 숨 몰아쉬다.

무상이 평탄 잃은 실타래 풀이
수선스러워 홧김에 원상복구 쫓아
텃밭 고랑 꼬불꼬불
씨앗 뿌려보는 속내 얼빠지다.

우산 접어 낀 하객들 유정의 몸꼴
굽은 허리 절뚝거리며 걷는 포말 웅덩이
지난날 거센 물결 부질없이 술회하다.

잿빛 능선 뺀득이는 무지개 빛깔
늦게야 산림 수목 틈새 널브러져 있다.

빗소리

잔잔한 빗줄기에 속마음 담아
슬기로이 발자국 흔적 넌지시
괴이한 심금 울려놓는다.

빗발의 선율 창문 부딪친 소리
가야금 퉁긴 가락 묻힌 아름다움 젖어든다.

향내 없는 무색 바람결 야기죽거리고
살갗 놀래 준 고즈넉한 빗물
맑음 밝은 명상 두루마리 말아놓다.

붙들지 못한 먼지 티끌 날렵히
무익한 도움 강물 흐르는 듯
정처 없이 표류의 소문 떠돌다.

깊은 산골짝 괴괴한 사방은
지저귄 새소리, 야호 외침 정적 감돌아
빗소리 정기 순수 잘 받아넘겼다.

환멸幻滅의 허망 무너뜨려
갈근거린 영원한 쉼터 음미하며
무엇을 탄생시키려 적적히
비가 떨어지는 물방울 소리에 파묻혀두는가.

삼 중 창三重唱

푸르스름한 감 열매 주렁주렁
나뭇가지마다 매달려
행인들 눈길 담장 넘어 내 비친다.

처서處暑 지난 불볕더위 아랑곳없이
추석 명절 차례 모실 붉은 감
성실히 도맡은 의무감 의기양양하다.

몸짓 무언극의 탐스런 표정은
대가代價 치를 완숙의 덕목주의
인내의 기특한 결실 거둬들인 신통함이
한가한 사람의 잠꼬대 신호등 켜준다.

해가 진 땅거미 어스레한 동안
자욱한 운무 싸인 시공간 세계로
세찬 매미울음, 창천 날은 비행기 소리,
땅 위엔 차량소음 3중창으로
여성 트리오 아닌 중성 트리오라고 간주할까..

오곡백과 무르익어가는 황금 들녘
물렁한 홍시 군침 돋는 틈새기 바람에
서녘 하늘 온통 붉은 낙조落照에 물들었다.

여정旅程의 빛깔

아름다운 삶의 여정 헌거롭게
잣대로 땅 밑바닥 셈 치며
발자국 더듬어 걷는 발자취
언덕배기 오르내리다 자제력 키운
누굴 탓하랴... 길잡이 나이테 앞서 책망하다.

새싹, 새순 물결 밀어닥친
고살길 넝클장미 봄꽃 민낯 붉히며
풋풋한 생명 틔운 길섶 엊그제 같은
신록 짙은 푸른빛 무성한 초목들
물레방아 천연의 웃음 짓 놀이
널브러진 고운 단풍잎 날개 너울너울

계절 갈림길 버틴 안일의 양식
삭풍 겨우내 벌거숭이 담담한 산야山野
삶의 값어치 치른 속내 앙상궂다.

반백 머리칼 쓸어 올린 주름살
좋고 그른 인생
쉬운 듯 어려운 듯
나뭇가지 틈새 스민 붉은 노을빛 출렁이다.

해빙解氷한 그 시절 그날따라
동빙한설凍氷寒雪위 그때껏 새겨진 그 인상
썰매 타기 걸치레 앙증맞다.

유리 종지

덜그럭덜그럭 맞부딪친 설거지
주방 비누 흰 포말 일어
덧없이 씻부시다 지친 유리 종지

행사 차례마다 닥치는 대로 재빠른 살림꾼

눈코 뜰 새 없이 간장, 고추장, 양념장 종지
밥상 주안상酒案床 위 천덕구니 신세
한창 그의 전성기 구가한
긴 세월 업적 쌓은 보배 보람차다.

안개비 자욱한 새벽녘 마당 쓸어댄 비
그때 그날들 손님맞이 장돌림의 맥락
씹어 삼킨 반추反芻 쥐뜯어 헤치며

환희 묻힌 투색 된 두 얼굴 얼비치다.

행여 깨질까 애지중지 땀 쥔 손아귀
찬장 굴뚝 속 계곡 휴식처 안치하여
환상곡 음반 틀어 고로롱 술회하는 환멸
번드레하게 넋두리 늘어놓다.

어쩔 수 없는 나이테 무게 늘어만 가고
어정버정 퇴근 임박해진 어정뜬 거리
한 겨울 바다 잔잔한 파도 몽상 사라지며
나목 가지 틈서리 붉은 노을빛 출렁인다.

한설寒雪의 동산

무덕지게 눈 더미 하얀 동산
묘주墓主없는 뫼 침통한 뭍 길손들
영하 기온 15도 넘나든 엄동설한에
눈썰매타기 환호성 내지른 아이들
빙판길 엉덩방아 찧기 구르는 짓

옴팍 신발 자국 눈밭을 두터이
발길 따라 징검다리 가지런하다.

장년들 칩거생활 이골이 나서
실내운동 땀방울 옷에 밴 수치심
입버릇 되씹어 두런거리다.

삭풍 살에 에우듯 푸른 빙하 빛 하늘
널브러진 반추의 나래질 벽찬
희디흰 눈발 불어 얕잡힌 동심
눈 꽃잎 난분분하다.

눈 뭉치 꽁꽁 머리인 지붕
헌거롭게 순백 훔친 애애한 설원 자락
한낮 햇살 포근히 얼비친 섬광
스산한 겨울 살결 장터 속내 고성 높이
앙상한 나뭇가지 아울려 벌름거린다.

저승길이 대문 밖이다

128동 할아버지 바로 지난달
길 어귀에서 인사 나눈 적이 있었는데
믿기지 않게 저 世上으로 떠나셨다는 소문을
요즘 한참 뵙는 적 없어 전화 연락으로
안부 전하려던 참 이었으나

"저승길이 대문 밖이다" 의 속담이
아쉬움의 눈동자 휘둥그레지고 한동안
다정다감했던 때가 영원한 추억 만들어냈다.

가끔 점심 함께 나누면서 허심탄회한
대화를 꽃 피웠던 생생한 기억 속
이젠 먼 옛말 한 토막 남길 줄이야..

먼빛으로 128동 우두커니 홀로 바라보며
다시 만남 시간 아주 맞춤한다면
무궁무진한 말들 실컷 수다 떨었을 것인데

무상한 여름 장맛비 억센 빗줄기가
할아버지 APT동을 마구 내갈겨 퍼 부우니
쉬이 잊을 길 없어 씁쓸히 고즈넉하다.

고상하고 운치 있는 표정, 항상 사려思慮깊고,
허우대 좋은 작태는 헌거로운 몸꼴 차림이었다.

시한부 인생 앞만 보고 달리는 나이테는 어쩔 수없이
마지막 죽음 길로 처연히 인도 할 뿐이라는 것을...

행동에 구속감

하기 싫은 일 미리 겁먹은
나날 염려에 고고의 인연 받아
부딪친 현실 한가운데 들어서다.

전철 몸 싣고 90分 동안 꼬박 상행선
전철 몸담고 고스란히 90分 동안 하행선
오가는 기력 오래 끌어 몸서리치다.

갈등 모순 짓이긴 두려운 그늘
출발점 시작은 초조와 불안 힘겨루기
의자에 죽치고 앉아 무료한 몸꼴
지루한 기다림 밧줄 동여맨 나약한 끝자락

멍에 멘 행동에 구속감 늪 거친 숨결
몰아친 목적달성 가뿐히 깃발 꼽힌 마음

숨 가빠 안도의 기운 뿌듯이 차츰 짙어간다.

업무 완수시간 현관 문턱 넘긴 구둣발
마루턱 주저앉은 엉덩방아
잡친 몸가짐 율동 있게 우쭐거리다.

벌거벗은 어색한 억압의 부담감
의기양양 창공 비상하며 나래 펴다.

제이第二 고향故鄕

애지중지 삶 누린 부모슬하父母膝下 떠나
웨딩마치 울려 퍼진 그 날
저녁 어스름 내리깔린 때 소복이 쌓인 함박눈
첫날밤 눈 더미 지붕 밑에 단꿈 심어주다.

「귀머거리 삼 년이요 벙어리 삼 년이라」
망석중이로 고된 시집살이가
침침 어둠 눌어붙은 캄캄 온돌방
네 귀퉁이 팍팍 기어 파들은
굴한 옛 추억 궁상스레 타들어 간다.

툇마루 벗 삼아 갈구하는 갈증
적막 휘감긴 산사의 경내 고즈넉한
산새 지저귄 칙칙 밴 산림대
흐릿한 달무리 멍히 보는 멍청이 등신

사계절 꽃 향연 코끝 무딘 감성은
무미건조의 나날 쪼개가며
아들딸 커가는 샛바람 품어 안고
스타트라인 끊었던 제이고향第二故鄕

두리둥실 하얀 구름 떠다닌 평온은
덧없이 세월만 엮어내다.

제삼第三 고향故鄕

인수봉 기슭 고아古雅한 청기와 집
파란색 기와지붕 밑 가족의 쉼터

열악한 교육 환경 탓 上京 물코 터
산도 설고 물도 선 서울 도읍지에
어수선 산란의 서울뜨기 시골뜨기
도시생활 풍광에 반하다.

새벽잠 설친 등교채비 법석댄
자녀들 치다꺼리 역마직성 들리고
시골내기 물씬 풍긴 순수백색 감돌아
업심 거슬림 함부로 비위 긁어 부스럼
이웃 텃세 부린 사람 됨됨이

철 대문 안 훤히 트인 앞마당 뜰
보랏빛 라일락 향내 콧등 쨍하고
햇살 아래 붉은 넝쿨장미, 조롱박 대롱대롱
담벼락 노랗게 물들인 호박 기세 당당하다.

까막까치 울음소리, 정원수 향취 젖은
알뜰살뜰 평화로운 제삼고향이었다.

제사第四 고향故鄕

경기도 분당 지역 新都市 개발로
분양받아 새 APT에 입주하다.

단독주택 앞뒤 뜰 미련 못 버린 채
각 지역에서 모여든 낯선 이웃들
인사성 밝고 해맑은 얼굴빛
정 나누려 이웃 친분 찾고자
자주 만남의 소통 불러일으켜
어색함 털어낸 다정다감은
낯익어 친숙한 느낌 안고

분당 한 복판 中央公園으로
바람결 솔잎 내음 싱그러운
새벽 등산길 질펀한 낭만 깔아
포근한 사랑 꽃망울 뿌듯한데
안이하고 실한 삶 다듬질하다.

아들들 혼례 올린 온화의 고장
손자 손녀 재롱 받이 웃음꽃 피우며
집 울안 화목 가득 메운 울타리
애정 샘물 솟구친 第四의 故鄕이다.

제오第五 고향故鄕

희뿌연 공해 목조인 소음소리
기적汽笛소리 슬피 우는 플랫폼
흰 구름 속 유영한 비행기 신음소리
삼중창 삼중주 연주가 소용돌이치다.

영문 모른 채 이사 온 지역
재래시장 소굴 뒷골목 아수라장
귀신 나락 까먹는 소리 까물거리다.

옭아맨 후회의 투정, 머리끝 지근지근
진솔한 꿈자리 달여진 정분 깨고
매몰찬 인정 얼음장 으깨어 얼굴 차갑다.

모래사막 달리는 말굽 소리 어슬렁대고
동녘 하늘 마주 보며 목청 가라앉혀
고요함 머무는 숲 속 몸 휘감아지다.

청량한 갈바람 인정사정 갈잎 뒹굴며
허황한 바람 안 꿀꺽거리며 삼키다.

삶 무늬 강물 꾸중한 늪 눕혀
민망스런 울분의 도가니 속
종종걸음 작태가 무색하다.

먹구름 하염없이 흐른 시공 먼지투성이
을씨년스레 나무람 탄 第五의 故鄕 갈무리하다.

허드레 꾼

내 살림 뒤 따라 오는 가 봐라!
죽음 길동무 하고 싶지 않다는 짧은 말
고로상전古老相傳의 경험담 떠오르다.

일생동안 삶 터전 속 알뜰살뜰 장만한 세간
이사 할 땐 손때 묻은 정 함부로
버렸다 들여놨다 정중했던 살림살이

어스레한 뒷골목 다갈색 내뱉은
땅거미 남루의 치맛자락 휘감아지다.

예약 없는 시한부 인생
뛰는 놈 위 나는 놈 요술 농간은
애환 묻어난 허리띠 풀 겨를 없이
잡역부 노릇 뉘엿뉘엿 저물어간다.

산화 반복 떨쳐낸 호숫가에
텃새 타령 채색 칠 표적의 모양새
人生 100세 시대 비아냥거리다.

부산스레 짓이긴 살림 사랑
닦이질 한 길 여기까지 이었던가.....

헌거로이 회자된 도정道程의 넋두리
바스라 진 허드레꾼 스산한 눈빛
매정스레 가뭇가뭇 흐늘거리다.

겨울 하늘

햇볕 산뜻한 겨울 하늘
파란 하늘 강 해맑갛다.

퍼런 바닷물 넘실 물결에
선박 항해하는 뱃고동소리

가지런히 가꾼 삭모의 마음
구차한 걸림돌 몰아붙이고

순조롭고 평평한 구름바다
밋밋한 여정의 노을빛 뉘엿거린
오렌지색 일군 꿋꿋한 테마뮤직

헤싱헤싱 흐트러진 나목 가지
묵연히 화평의 향연 속에
나직이 그 자리 잡힐 듯 하염없이
하얗고 시린 하늘 강 유영하면서
괴괴한 사방 초연히 지새우다.

바람 일깨운 생생한 다짐 거리
낭랑의 하늘 빛깔 막막하다.

곰 핀 존엄성尊嚴性

「믿는 도끼에 발등 찍힌다.」
어둔한 깊은 속내 숨어서
거래 드문 땅속 파묻혀
길 함께 가야 할 짝
망령妄靈이든 놀음 길

밝은 사리 분별없이 날뛴
철딱서니 일궈낸 속절없는 비밀리
깊은 연정 틈새 풍겨 곰팡내가
먹칠 기밀 무늬 누설 덤벙거리다.

곰 버릇없이 자신 해친 우둔 쟁이
아스라이 까물친 거창한 화두
예전 일 골라 잡힌 덤으로 쌓아
야호 소리 낭독 꼬챙이 남세 널리 회자되다.

땅속 적절히 묻힌 다양한 약초 뿌리
침묵 도가니 위압감 추겨 올려
고리타분한 고린내 곪아 터지다.

전봇대 붙매인 추회막급追悔莫及
곯린 냄새 회복세 앙상한 나목
캐어 덤빈 따지기 모습이
전화위복 바꿈질 황홀하다.

파라다이스

인명은 재천在天이라, 하늘에 달렸다.

오래오래 살고자 명 줄기
지키기에 안달복달이다.

불로장생 선약으로
진시황제가 불로효험이 뛰어난
불로초를 구하러 다녔다 한다.

생명 연장을 위해 타국을 오가며
좋다는 곰쓸개, 뱀,
여러 곤충 따위를 성약삼아
약물꾼 수두룩 빛깔 누볐다.

지구촌 공간을 군더더기로
군던지럽기 짝이 없이
장생 기강 넓히고 있다.

100세 시대 줄행랑치는 오늘날
뚝 하면 자살자 너더분해
절규의 궁벽 산허리 감싼 지금

우아한 실루엣의 웨딩드레스
폼 재어 으쓱대며 태세를 취하다가
이상향 파라다이스 누릴 수 있을까….

새벽 길

초승달 눈썹모양새 아래
먼동 밝아오는 새벽 길
더운 입김 내 뿜어댄다.

기적 울리는 소리, 차량 소음 공해 없이
삼라만상森羅萬象 숨결도
다소곳이 잠잠하다.

APT 주차장 내 즐비하게 늘어선
엔진 브레이크 널브러진 쉼터

주내 땀방울 흠뻑 적신 온몸
깊은 고요에 잠재우고
시공 깊은 정적이 감돌다.

발굽 삭막한 황야 달리는 소리
새근새근 곤히 잠든 아가 숨소리
메마른 노파의 병골 지팡이가
초연히 무지개 뻗쳐 깔아 눕히고
천진난만한 어린이 미소 짓다.

공격 드문 괴괴한 싸움터
새벽 등산길 걸음 산란하다.

4부
해미 성지 호야나무

세밑 온정

冬至날 넘긴 긴긴 검은 밤
쉼 없이 퍼붓는 함박 눈송이
금방금방 은빛 물결
포근한 양탄자 뭉거지다.

캐럴 울려 퍼지는 크리스마스이브
축복의 성탄절 서설瑞雪 상서롭다.

설렌 동심童心 겉잡을 틈 없이
흰 눈꽃 펑펑 내리는 심야深夜
창문 뒤 먼발치서 우러러 서성대며
너울거린 꽃잎 날갯짓 넋을 잃고
허공 정적 상기시킨 백색 하늘
음습기운 보듬는 겨울 나그네

세밑 온정 마지막 깔린 향유자락
겅중겅중 뛰 노닌 삽사리
희끗한 눈발 따라 뒹굴어댄다.

허황한 꿈결 쫓아 끄트머리
늙다리 돌고 돌아 잠재우다.

영구차靈柩車

성당 광장에 영구차 한 대 들어섰다.
궤짝 속 시체 안치된 성당 내
마지막 作別하는 미사곡 울려 퍼지다.

찬 서리 맞은 듯 섬뜩 덜렁거린 소름
이승에서 재지 못한 시간 한번은
젊은이, 늙은이 모두 저승길 불러가다.

영혼 준비성 재촉하는 걸음발 세월의 허무
콤플렉스 강박감 사로잡힌 갈급증
계면적한 표정들 경이감에 시달려
가만히 수군덕대며 입술만 움직이다.

점점 명멸하는 영구차 저 멀리
먼발치로 떨어져 간 뒤 자취

낯선 곳 묻힌 묏자리
천애天涯의 고아孤兒 힘없게 되다.

잘 가시오! 만남 기약 없이
앙천통곡仰天痛哭 울부짖는 인사치레
마중 나온 그림 카메라 셔터 누르시오.

조준점照準點

도달하려 대상 목적지 삼아
목표지점 향한 돌진이 무자비하다.

기준 헤아려 겨눈 가늠구멍 코앞에
색채 짙어 보인 조준선이 두렵다.

현상유지 지탱해야 할 사슬 고리
느긋느긋 지니어가는 화해의 징검다리
돌덩이 마지막 디딘 발목 발발 얼떨하다.

자신일 망각한 강 건너 불구경 하듯
다급스레 모양 생김새 방관 시 된
강 건너 땅자리 밟게 하다.

인간생활 먹이활동 이승의 운동은
순풍에 돛을 달아 순탄한 뱃길 건너
목숨 길 부합시킨 오늘날 실제와
壽命연장술은 인생 항로 삶 속에
허상虛想 널브러진 차림새 부질없다.

찌그렁이 그런 사람

얕잡아 깔아뭉갠 눈길 끌어
귀중 색깔 저버린 찌그렁이 그런 사람
주제넘게 시건방진 소리
방자해 군 뚱딴지같이

노파老婆 장애인 함부로 덤빈 멸시
요량 무지의 고루한 사고방식
무턱대고 대뜸 이러쿵저러쿵 익살맞다.

황혼 울음 짙어간 감빛 놀에
천부당만부당 가당찮은 협박 공갈
어느 무렵 하얀 인사치레 버젓이
겉치레 눈초리 아니나 다를까 산 넘어 산
긴 잣대 휘둘러 세운 깃발 후덥지근하다.

믿는 도끼 발등 찍힌 초라한 행색
남루한 옷깃 갈바람 휘감겨
거지 치맛바람 설치는 女人의 서슬
허벅지 널리 회자膾炙되다.

빼도 박도 못한 셔터 누른 카메라
맞부딪혀 물고 뜯거니 전복사고 추악 차량
세차장에 허수히 가는 허아비자리.

풍랑몽風浪夢

선달그믐 회색빛 하늘 맹추위 속
굵은 눈발 휘날리는 함박 눈보라가
황혼녘 노을빛 밝혀준다.

창피스런 노출 누가 된 우셋거리
폭로의 비웃음 흑백 헝클어지고
귀띔 준 애태움 귀담아 떳떳했다.

부모님 잠재운 행색 떠나기 전
딱한 흔적 바깥 작태 궁금 동아리

무색 없는 풍자극 연출로
간격 좁힌 子孫들 사이 오히려
아름다운 교육 향연 베풀어 질 것을...

얼기설기 뒤엉킨 풍랑몽 흩날린
허무의 무늬 자락 엄두 없는 가치성
희로애락 회포 뒤늦게야

흐름 따라 텃밭 가꾼
까칠한 백발 머리칼 허름히
수놓아진 먹구름 바다 수굿하다.

혈액 순환

곪아 터진 부스럼 뭉크러져도
아픔 싱거워 새 날갯짓 퍼덕인다.
부스러진 삭신 바삭바삭
오도독 팔다리 쥐가 나 댓줄기 같다.

벚나무 다섯잎꽃이
봄 품은 물빛 뿔뿔 흩어지고
새 생명 요동친 혈액순환 유연히
어린 새싹 팬 연둣빛 잎
청보리 낟알 알맹이 누르스름히
뙤약볕 아래 무르익다.

가뭄 탄 초목들 숨 막힌 척박한 땅
새빨갛게 작열한 햇살 내리고
토로하기 어려운 꿈자리 서성이다.

쪽빛 드높은 가을 하늘 두둥실 흰 구름 꽃 아래
잘록한 산허리, 등성, 마루턱
오색찬란한 단풍 삼킨 지구촌 사람들
갈바람 날린 낙엽 우수수 새치름하다.

밤새 내린 순백의 향연 흰 솜 뭉개며
열정 타들어 간 붉은 황혼
파도 큰 물결 바닷물에 잠기다.

가을의 풍광

10월의 가을 하늘 아래
오곡백과가 만발하다
풍성한 서녘 하늘
가을은 깊어만 가고

천고마비의 계절! 하늘은 높은데
사람들도 피둥피둥 살찌다
평화가 마음에도 깃들세...

쪽빛 가을 하늘 뭉게구름
뭉게뭉게 헤엄치며 하릴없이 흐르다

마음의 일만 근심 저 멀리
갈바람 하염없이 실어가네

가을날 울긋불긋 단풍잎
오색 찬란히 곱게 물든 늦가을
겨울은 다시 춥게 온다네...

계절 따라가는 싱거운 흐름 속
내 그림자 함께 가누나..

갓밝이

야생식물 동백나무 꽃
베란다에 감금 옥살이

가뭄 모르쇠 교육받아
빨강, 핑크빛 벙글은 꽃눈
메니큐 칠한 고운 손톱 튀기다.

목마름 갈구 애원한 꽃 몸꼴
냉혹한 영하 12도 동장군 시샘

한 방울 물기 없는 쪽 바가지
샤워기 가동 휴무 중
대오리 주름살 꽃분내장 속병
비옥 토양 검정 흙 향 그리다.

무상한 코발트색 겨울 하늘
멋진 선물 매우 절절히

어느 새벽 절레절레 피워낸
너울진 환희의 춤사위
희망찬 새해 밝은 여명 지켜보다.

계절의 풍파

행 길가에 단풍잎 소나기
간특한 장대비 술책

봄꽃 은 환희 얹어주고
여름꽃은 열정적 열꽃 피우며
가을꽃은 통찰력 선물 꾸러미
추억 만들어 볼까?

고속도로 늘어선 코스모스 꽃잎
오가는 길손들 손 반기며
아리따운 향내 내 마음 간지럽다

노파의 손아귀 국화꽃 한 아름
바삐 걸어가는 나그네 길
국화 카펫 누렇게 익어가다.

매연 자락

연기의 속셈 자락 모락모락
모질게 타버린 그을음 뿜는 불꽃
순백의 유니폼 순수성을
매캐한 분규 향 퍼 올리다.

연료구실 목적달성 노력
의도 이름 결함 저지른 채
굴뚝 아궁이 폭발시킨 흔적
방고래 재 그러당기어내다

탁한 먼지 재의 징표가
백해무익 소외된 비안개 자욱한데
높푸른 하늘 비상하는 새떼
우짖는 날갯짓 비아냥스럽다

방자히 기어오른 남루구더기
방벽 허물어트린 풍화작용
직선미로 향한 마라톤 출발점
불모의 모래벌판 검정 연기 자락에
가시거리 눈으로 볼 수 있다.

미천한 파워

매미울음 맴~ 맴 매암~ 매암...
그다지 울며불며 쓸개 없이

폭염 속 열대야 오밤중 저녁내
낮잠 설친 말썽꾸러기

세 살배기 오줌 싸게 징~ 징징...
오줌 싸는 소리, 누는 소리.
퍼지르는 심술딱지 모질기다.

칭얼칭얼 무슨 사연 성가시게
보채느라 이래저래 일부러
부리는 멋이더냐?

꺼이꺼이 가슴 바다 통곡 소리
좍~좍 장대비 빗발 속
한풀이 세차게 씻어 풀어라

늦더위 한 풀 꺾을 즈음
멋대가리 없는 미천한 파워
쩨쩨하게 좀이 쑤시다

귓구멍 귀찮게 굴어 터놓았다.

바스락 소리

별 떨어지는 단풍 우수수...
낙조의 낙엽 을씨년스럽다.

여자의 치맛자락 바스락 소리
살랑살랑 풀잎 스치는 바람결

가을 안녕, 안녕히
버림받고 땅 위에 흩어지는 날개
낙엽 밟는 소리 상큼상큼
너는 좋으냐?

우리도 언젠가는 헌신짝 버리듯
바람에 날리니 가까이
상냥스레 밤을 고스란히 새우다.

새봄

옷섶 파고든 매운 바람결
나목의 침묵 죽은 듯 의연함은
새봄 기다리는 희망 보이다.

만물이 소생하는 봄, 봄...
나무들의 숨소리

입 끝 쫑긋 방긋 웃는 꽃망울들
향긋한 향내 풍겨 준
아름다운 콧노래 불러온다.

나물 캐러 아장아장 봄 처녀
치맛바람 나풀나풀 설치며
봄이 왔네, 봄이 왔어요....
뭇 가슴에도 봄 향기 솔솔

홍두깨질, 다듬이질, 두 방망이 두드린
반지르르한 연둣빛 깔
새색시 눈부신 옷차림 황홀하다.

칩거 생활蟄居生活

무자비한 맹추위가 기승을 부릴 때
온통 하얀 눈으로 덮인 설경을 연출 할 때
활동력을 묵사발 만든 칩거생활 죽칠 때
늙마에 호강커녕 생동 넋 잃은 은둔자 될 때

연년익수延年益壽 오길
학수고대하는 자 어데 있으랴...

거무데데한 눈 더미 군데군데 길 동무 되어
노변 따라 스모그공해 현상 자욱하다.

21세기 낯선 기류가 한반도
지구촌 인간 아름다운 삶 터전
뭉그러지게 손실을 가져다주다.

위풍당당한 기상이변을
어찌할 줄 몰라 머무적거려
빨리 끝내지 못하는 우리 영혼들
항상 깨어 있으라 한다.

성모 동산

풀꽃 향내 그윽한 햇살 고운 새 아침
꽃향기 따가운 포옹 아래
만남의 장소 성모 동산
영롱한 광채가 찬란하다

짙어가는 녹음 청청히 융성한
수원 세류동 성당 성숙, 쭉쭉
원기 왕성한 젊음으로 싱싱 뻗어 나가다

일사불란하게 움직이신 본당 신부님의
헌신적 애덕의 결실……

호방한 기풍의 성모 동산 조성 성취로
소리 없이 생끗 뱅끗 눈웃음치며 맞아주시는
자모신 마리아의 아담스런 자태…

이른 이슬아침 사랑 비치신 만민의 어머님
아들딸들의 기쁨이시며 영원한 생명이시다.

철쭉꽃, 장미꽃 무리 우아스레 치장한 향연 속
성모 동산 사랑의 어머니, 우리의 위로자시여!
기뻐하시며 즐거워하소서.

하늘의 여왕 고귀하온 동정녀여!
저희들은 당신 품 안에 안겨 평화로이
새근새근 곤히 잠재우고 있습니다.

풍년 거지

저 뭇 날 새치름히 뜬 둥근달
눈송이 융단 깔이 반지르르하다.

추저분한 눈 더미 스모그 공해
노변 따라 듬뿍 듬성듬성

빙산 떠 있는 얼음덩이
겨울 산 빙벽 오르내리다.

청상한 겨울비 촉촉이
씻긴 신, 발목 가뿐히

겨우살이 보리 싹 그루터기 밟기
풍년 거지 더 섧지 안네그려.

해미 성지 호야 나무

성벽 높이 쌓아 올린
해미 읍성 성지 안 호야 나무
질긴 인내력 우뚝 솟은 300년생
모진 풍상風霜 견뎌낸 호야나무

신앙 선조 천주교 박해 불사르다

20년 전 우울 창창 활력 맵시가
기역 자형으로 허울 좋은 골다공증
앙살스레 고립된 외투 자락 휘감아
짜증스레 앙상한 나뭇가지

성지 순례자 마음 옴팍 훔쳐낸 쉼터
성인의 지혜 차례로 참배하는 성지
박해 맞서 싸워 배긴 버팀목
묵묵히 강인 무도한 골격 탓

안쓰러움, 부끄러움, 나무토막 애애히
기타 선율 시공에 튕겨 나간다.

가을 향연

갈바람 타고 흩어진 오색찬란한 낙엽
추억으로 가는 카펫 깔아뭉개다.

현란한 동양풍 그린 가을 수채화
가라앉힌 머릿속 멍멍히
덕수궁 돌담길 단풍잎 이불 밑 스며들다.

11월 하늘 아래 추적추적 내리는 가을비
눈부신 샛노란 은행잎 광채가
남녀 쌍쌍으로 어려 있다.

찬연한 빛 설레는 가을향연
푸릇푸릇 이파리, 누런 은행 나뭇잎 잎사귀
얼버무린 조화의 빛깔 춤을 노래하다.

520년 나이테 가꾼 회화나무(보호수)
우산 속 노파의 바쁜 드라이브
무안 무색 만들어 멈칫하다.

가을 안녕, 안녕히..
영롱한 단풍들 살랑살랑
손 흔들며 서로 엇갈린 가을 겨울
교차하는 머릿살 찰싹 덮어준다.

겨울 향연

눈구름 덮인 잿빛 겨울 하늘
간밤에 흐리마리한 정월 대보름달
새벽 주황빛 보름달 선명한 입김 내뿜다.

폭설이 만든 눈덩이 아찔한 낙하
삼간초가 처마 끝 고드름 주렁주렁

창밖 아직 미완성 신축건물
밤새껏 가로등 젖은 하얀 길
한겨울 달 밝은 밤 미완 채
건축물 둘레 번쩍인 등꽃
한겨울 초연히 고고한 수준

우람히 완성한 고층건물 어엿이
궁금증 돌발적 묻힌 도가니
형형색색 옷차림 보옥빛살 황홀하다.

큰 손 맞을 채비 바쁜 일손 걸음발
실룩샐룩 꼼꼼쟁이 주름살 면모
굽슬굽슬은 몸뚱이 동영상 한 마당

겨울 향연 경사스레 연기 펴 올려
상서로이 쌓인 서설 술렁이며
축하연 붉은빛을 띠다.

고향의 풍광

먼발치로 그립던 향수 젖은 시름
볼품없는 몸 기차 싣고 고향 찾는 낭만
물씬 부푼 가슴 고향 땅 딛는 색향치레
구릿빛 가신 얼굴 벅차다.

차창車窓 서리꽃 얼룩무늬 새긴
옛 집터 삽시 지난 허심탄회
친숙의 신작로 다듬어진 아스팔트 포장은
눈비 맞아 오갔던 배움 길
생소한 타향 길 희끄무레하다.

母校 교정 서툰 발바닥 불이 나게
운동장 구석구석 눈초리 두리번댄
옛 섰던 그 큰 정자나무
어귀 홀로 시치미 뗀 표정 짓고
덩그러니 높이 솟아 헌거롭다.

한그루 정자나무 응달 바람결은
배구시합 응원 한때 목청 높은 열기
머릿살 동영상 찬란히 발췌하다.

이은상작 "옛 동산에 올라" 음악시험 치른
감미로운 노래 불러 보고파라….
교실 앞 허깨비 지팡이 짚고
모교기슭 돌아선 반백의 어둑 쇠퇴
가쁜 숨 몰아쉬고 있다.

5부
기쁜 날, 좋은 날

기쁜 날, 좋은 날

하얀 겨울 꽃송이 하늘 그리는데
온종일 겨울비 추적추적 내리붓다.

프란치스코 대학 학예발표회 및
오늘로 동계 종강의 날

고운 한복차림 매무새 나풀나풀
무지갯빛 황홀한 광경 화려하구나…

지금은 百歲時代!
나이배기 초등생 부럽지 않아
누구누구 잘하나 불꽃 튄 어울림
펄떡펄떡 숨찬 가슴 설레다.

민요, 풍물. 무용 신명 난 춤사위 한 판
국악 소리 장단 맞춘 심취한 흥겨움에
형제자매들 오손도손 한 데 모여 덩실덩실
좋기도 좋을시고 잘살아 보세 사랑 누리세…
박수갈채 보내고 쏟아 내리고

고요히 흐르는 크리스마스 캐럴
평화와 화합 새근새근 곤히 잠들었다.

이벤트 빅으로 막 내린 학예발표회 마당놀이

촛불, 종, 달뜬 별님, 꼬마, 전등 반짝반짝
크리스마스트리 깜박거리며
기쁜 날, 좋은 날 다 함께 춤추고 노래하자.

앞만 보고 달리다

단 한 번 머뭇거림 치우치고
앞만 보고 달리는 발자취

화살 조문선 가늠구멍 바라보는
끝도 처음처럼 도맡은 몸과 마음

단단한 생활양식 어그러져 어이없이
사기성 분통 휘말린 은둔자
물러선 책임 날려 보내다.

가로막힌 시공간 초월한 변화
팍팍 메말라 무아경 젓도록
뒷걸음질 친 고루한 사람
빽빽한 흥분 진득이 붙잡고
갈증 망측히 달래며 재촉하다.

근근부지僅僅扶持 버틴 몸꼴
들숨 날숨 배겨나 간 진풍경
뒤숭숭 흩어진 책망 벌어지다.

궁상스레 살갗 군시럽고
애타게 꾀죄죄한 늙마 야위어
걸맞은 격조 호강 남 보듯
악지스레 재간 부린 고집 통 구릿빛
황혼 놀 광음 멋쩍게 치장하고 있다.

역마직성役馬直星

이쪽 길 저쪽으로 뛰어넘은 길
팔자소관八字所關 운수에
갈림길은 한 가지 선택형
역마직성에 들렸다가
잡힌 공로의 덕 기리다.

향긋한 상록활엽수 향내
노변 가 풍겨 날래며
상서로운 징조 채취한 줄기
마지막까지 숨 쉴 틈 없는 숨기

아득바득 길조 드러난 조짐이
꾸역꾸역 거무끄름한 연기자락
두 동강 난 길 한복판 빼뚝대다.

바람결에 희끗한 머리칼 푸석거리고
꼭두각시 놀음판 발걸음 소리
주마등처럼 그림자 스쳐 가며
감겨지는 시곗바늘 소음에

유난히 붉어진 저녁놀 틈바구니
낙엽조차 가까이 성큼 다가와
새벽하늘 새벽달 새하애지다.

생동生動의 고취鼓吹

기다랗게 뻗친 겨울 하늘 무지갯빛
슬픔도, 괴로움도, 절망도 없이
학예회 동아리 선율 펑펑한 파워
두 팔 얼싸안아 정겨운 사랑

노세.. 노세.. 늙어 노세...

국악 노랫소리 심취한 고전음악 가락
춤사위 판 신명 나게 뛰 노닐다.

노구의 생동감 고취시킨 은은함
앞발 뒷발 짝짜꿍 너울대는 파동
검푸른 바닷물에 풀어내어라...

흥겨운 노랫가락 곡조마다
일사불란하게 움직인 물결
댄스스포츠 댄스파티 무대 짓밟고
누가 잘하나..들뜬 파도 소리
천진난만의 걸음 검은 그리메

太極旗 휘날리며 발바닥 동동
시원스레 구르는 율동 자락
한 생전 오래도록 즐거움 누리리라.

거울 속의 女人네 희끗한 머리칼
까치저고리단장, 연지곤지 찍고
족두리 쓴 枯木生花 아리따워라…

화기애애한 화목 꽃피우며
밋밋한 여정 뿌듯하다.

세월호의 참사

아름다운 백합꽃 같은
삼백여 명의 어린 영혼들을
삽시간에 집어삼키는 학살의 순간을
두 눈 부릅뜨고 지켜본 세월호의 참사

침몰하는 참상을 직접 목격하며
구해내지 못한 우리 어른들의 무능력함이여!

그 순간은 무지막지한 생사의 기로에서
아리고 아린 슬픔과 공포의 도가니 속
깊고 깊게 영원히 파고든 상처가 되었다.

기나긴 시간 흐름이 묘약이라 하나
참된 위로의 샘 찾을 길 없고
곪아 버린 아픈 상처 하얀 거즈로 덮어
꼭꼭 옭아매어 보이지 않게 한들
더욱더 깊디깊게 썩어 문드러집니다.

모든 사람들 눈동자에 고인 눈물 속
오늘의 현실을 몰각하고 이 많은
고통을 망각할 수 있을 것이더냐..

인간소굴의 탐욕으로 물든 괴물의 세월호!

활짝 피어 보지 못한 아이들을 삼켜간 괴물을
만든 이들이 우리들이니 죄인 우리 어른들
우리가 지녀야 할 이 원형의 상처는
오롯이 눈물만 흘러내리고 있을 뿐이다.

황혼의 향연

새벽 갓밝이 노을 찬란하다
형형색색 보옥빛살 옷차림
풋풋한 가을 정취 도심 속 휘황하다

가슴 가득 황금색 은행 나뭇잎 가로수
조락의 가을철 시들은 낙엽 잎사귀
길가 구석구석 잔뜩 쌓인 더미

은빛 억새풀 물결치는 산등성
열렬한 열전 끝마무리에
바람 일은 지구촌 가라앉히다

핏빛 물 들인 황혼의 향연
향기로운 새 우주 시대상 형편
안개비 자욱 내리친 스모그 세례

울긋불긋 불타는 단풍놀이
하늘 불붙인 듯 저녁놀 붉어지다

갈매기 떼 끼룩끼룩 붉은 울음소리
갈바람 타고 흩날려
가뭇없이 간 곳 흔적 없다.

겨울의 노파老婆

눈발 흰 옷자락 가뿐히 날리며
앙상한 나목 나뭇가지 궁상스럽다.

호젓한 갈색 산비탈 길
바람에 뒹구는 낙엽 누더기
함박눈 쌓아 올린다.

실눈 아물거려 지팡이 앞세운 노파
아파트 현관문 기우뚱거리며
허방 짚을까 숨결 차오르다.

한 해의 마지막 섣달그믐
늙은이들의 고독의 굴레
발부리 챈 애태움 야위어간다.

흐린 숨소리 버거워 털어내고
솜구름 떠가는 맑은 하늘에 아우르다.

가으내 이지러진 누런 낙엽조각들
붉은 빛살 노을 거드름 피우며
속절없이 삶의 그늘 지워간다.

밤하늘 총총한 별들 불타오르는데
호수에 일렁이는 노추老醜 아릿거린다.

골다공증骨多孔症

만남의 텃밭
베란다 녹음 속내
새치름한 양란 우듬지에
버겁게 매달린 꽃잎

노란 허리뼈 구부정의 줄기들
퇴색된 푸석한 어눌한 소리
골다공증 시린 물 샘 흘러
남몰래 거드름 피우려 든다.

은빛 구름 모자 쓴 태양 둘레
기다림 메말린 새침데기
신록의 향연 흠뻑 돋아
그리움 타들어 간 고갯길 가파르다.

마른하늘 뭉우리 구름 떼
피지 못할 인고의 씨앗
작은 수로 뚫려지다.

텃밭 가꾼 우중충한 여백에
끼적거린 야윈 흑백 사진
펼쳤다 접었다 놀이한다.

끝이 보이는 곳

나뭇가지마다 연둣빛 짙다.
울창한 녹음 감싸여 생생하게
발랄한 성장 장엄하다.

하얀 빛줄기 하늘대며
여기저기 엇갈려 빛을 낸다.

평안을 짓이긴 쇠잔한 고갯길
마지막 길 떠나는 나들이

대수롭지 않은 도살장
저희끼리 히죽거리며
말 못한 흰 고독은
내 마음 알아주지 못한 애처로움

종점의 덤덤한 향수
웃음조차 옭아맨 탄핵은
황량한 희망 지우고
애잔하게 목 흔들어댄다.

내리막 길

우왕좌왕 자연의 채색무늬
오색 황금 물살 너울 가르는
가을 들녘 풍요롭다.

시큼 텁텁한 흙탕물 덧칠한데
삽상한 솔바람 휩쓸리고
담배꽁초 두루마리
신작로 한복판 너스레 부리며
비탈길 내리달리는 스릴

구두 밑창 미끄럼 질타에
중심 앗아간 꼴불견
갈무리 없이 붕 뜬 심연

망연히 희끄무레한 홀로서기 서릿발
혼탁에 비몽사몽분노의 중턱
헐레벌떡 혼탁 첨벙거리며
해거름 기우는 능선 오르다.

망연 자실茫然自失

무형물의 생판 거짓 행선에
안갯속 연극 중턱 너스레 하다.

어리보기의 미세한 도가니 속은
실수 현상에 빗나간 고역

어렴풋이 비춰진 허름한 삶
뽀로통한 얼굴 벌 쏘기 위태롭다.

씨알 움튼 흐리마리한 아집은
흡연연기에 용트림하는 몽롱朦朧

물안개 핀 어둑한 강가에
여울진 늪 멋쩍다.

버거운 몽상 수런거려
터무니없이 너울 발랄하며
문드러진 작은 물고기 아릿거린다.

칠칠맞지 못한 환희
흥겨운 감정 들쭉날쭉
망연자실한 새벽잠 옴지락거리다.

미리 보기

앞날의 참살이 미리 보기
연습은 미연의 방어책
강 건너 불구경거리이련가.

오늘을 달리는 거치적거린 설렘
풋잠 깨어나 아물거려
여운 피어나 파란 하늘 바람 속에
조각구름 유유히 흩어지다.

영정影幀사진 애틋한 침묵은
생사의 정취 이지러져
일그러진 노파심 기로에
노추老醜의 표정 수척해지다.

참담, 분노, 황당한 발자취
액막이 살얼음 밟히듯
죽살이 몰입 번뜩이다.

집시의 방랑 생활이
만추의 노을 어릿거려
안개 자락 자욱한 허공
검은 밤거리 서려 있다.

새벽 재래시장

새벽 어스름 타고
거뭇한 발자국 타박타박
사우나탕으로 발길 향하고 있다.

단잠 침묵 속 새벽 재래시장 상인들
눈, 코 뜰 새 없이 물건들 진열 하고 있다.

미리 보기 시장 맞벌이 시대
새벽시장 보러 온 손님 드물다.

내 가게 먼저 문을 열어 놓아야
직성 풀리는 상가의 풍조

차도, 인도 아랑 곳 없이
공중도덕 막무가내莫無可奈
물품들 탑 쌓기에 까칠한 손끝
세상 모두가 내 것인 양...

하늘 높이 화살 쏘아댄다.

무자비한 자부심 덧칠하고
판로의 시새움 삶 터전에
저벅거린 발목 부추기며
새벽 장보기 수로 뚫어본다.

설원雪原의 꽃 자락

꽃샘의 낭만 폭설은
굳은 입김 불어가며
희망찬 눈사람 핫두루마기
지어 입히느라 꼬마 손길
함박웃음 꽃 피어나다.

벌거숭이 주목 가지 새마다
봄 샘하는 눈꽃 얼음 잎 달고
눈발 날렵한 몸매 펄럭이다.

설원의 늦겨울 넋두리는
천방지축으로 날뛴
들녘 봄나물 겨울 빛깔 젖고 있다.

차바퀴 산등성이 언덕 베기 굴러
경칩驚蟄 시름 군더더기 찰싹 붙어

유리 창문 후두긴 서리꽃 두툼하다.

나목들의 운치를 더한 늦겨울
파란곡절 응고의 눈 솜덩이
녹아내린 노추의 샛바람
미련스레 겸연쩍다.

쇠잔 나무

못난이 잘난 척 가벼운 뽐냄은
엎친 데 덮친 데 우짖는 소리
내몰린 불길한 부엽토
빌미로 삼아 꾸짖다.

가파른 능선 자락으로
곤두박질 섣불리 감내하며
애틋한 추억 탑 처연하다.

유곡幽谷 골짜기 숨찬 밀림에
쇠잔 나무들 맥박
위태의 된서리 젖어 타박거리다.

먹구름 뒤덮인 산 중턱
'야호' 외치는 소리
화산 폭발 폭음 요란하다.

生과 死의 극과 극極
갈림길 밤새 맺힌 신음
세력 쇠잔한 재앙 탓인가…

헝클어진 머리카락 한 묶음
가뭇없이 잡아당겨 본다.

시작始作과 끝

베란다 석류나무의 야생화분
키만 훌쩍 큰 총각 궁상스럽다.

석류 알 영글지 못한 갈색 나뭇잎
가을 산하山河의 한 폭 산수화
낙엽 활엽闊葉 교목 같다.

눈부신 가을비 젖은 붉은 산 볕
낙엽 잎들 할 일 다 한 것처럼
뒷짐 지며 할 일 없다며
서녘 어스름 곡예 줄타기
가을 안갯속 타박거리다.

높푸른 하늘 푸덕거리는 새떼
하루 먹이 찾아 잽싸게 깃털 초췌하다.

정성 아스라이 떠난 상혼
식물성 미치지 못한 향취
겨울나기 힘없이 보채어
봄바람 나불거리며 너스레 떨다.

입원실 불빛

밤길 걷는 공허의 길목
빌딩 3,4층 불빛에
목덜미 옆으로 비튼 채
한 발자국 성큼 다가선다.

밤새 입원실 작은 공간
전등 불빛 환자들 굴레 아른거려
시간 초침소리 아픔 살갗은
밤잠 설친 침묵 시들어간다.

동녘 해 오름 창살에 화살 빛 스며들어
찜질, 간섭파, 적외선 물리치료실
끊임없는 환자들 싸움터

살갗 사르르 팽이 돌 듯 뱅뱅
유혹 파고든 간섭파 치료
얼음 녹아 내리듯 순간마다 질척이다.

뒤꿈치 헐린 구둣발 말굽 소리
간호 선생 병실마다 요란하다.

적외선 치료 병마의 소굴
기복 기도하며 절망 불사르다.

자각自覺의 시간

온화 ,매서움, 혼탁混濁, 노도怒濤는
흰 거품 입에 물고 추억의 숨결 도려내어
슬픔, 기쁨은 백지 한 장 사이
한 해가 저물도록 일깨워 준 조작
시간의 초점이 우주 한 번 돌아나다.

오늘 내일은 빈털터리
손꼽아 기다린 손아귀 휑하여
피치 못한 매몰된 운치
문틈 새로
공포에 떨다 빨려간다.

자동이체의 통장은
얼룩 때 빼는 시간들
잘살기 잘 죽기 갈무리 하여

삶 터, 쉼터, 일터의 발치
초췌의 심연 후비적거리며
구렁텅이에 얼버무려진다.

情 떠남이

엄마 품 그리운 허기진 아이들
가정의 태양 사랑의 생명이
첩첩 헤어진 세월들

하늘의 무상한 낙뢰는
야속한 빗물 메말라 야위고
빗줄기 애틋한 사랑 토닥여준다.

솔바람 타고 낙엽 우수수
참 나뭇잎 단풍들고
발밑에 추억이 바스락댄 깊은 시름
사랑 없는 가슴앓이다.

먹구름 흘러 움츠린 몸
엄마 품에 파묻힌 얼굴빛
지난 기억 무덤 앞에 털어내어
부리부리한 눈망울 또렷하고
밀려온 물살 유연히 흐르고 있다.

무형無形 무적無迹

땅거미 내리기 시작한 저녁노을
서녘 하늘 온통 붉어진 낙조
삽시간 먹구름 뒤덮인 지구촌
침침하게 어스레히 늑장 부리다

잡혀지지 않은 흐릿한 황혼 빛살
수평선에 쏠려 기우뚱거리다.

고층 빌딩 꼭지 정수리에
감춰 놓은 숨바꼭질 황홀한 형상
주황빛 미감 고개 숙이듯 한 채
아물아물 꼬물거린 불쾌지수
거뭇거뭇 흐리마리 상스럽게 천박하다

가장자리 감싼 푸른 빛깔
희망찬 태양전파 요사스레 퍼져가다

가뭇없이 길을 가야 하는 기로에서
무형무적으로 거둬 가며 정색을 한다.

6부
막다른 골목

행사 날 앞두고

기쁨의 속셈을 망가트려 한다.
누구를 견양하는 일이길래
꼭 널리 펼치려 하는가

온화한 마음 칙칙해진 아늑함 깔리고
짙은 앙금의 울창한 늪은
시궁창 냄새 질척질척하다.

벼랑 끝 나뭇가지의 가냘픔
알 수 없는 미지의 섬 짓 한 넋두리
그때 그날의 기쁨, 즐거움과 두려움 속에
애틋한 여운을 남기다.

유월의 비 개인 하늘 아래
악랄하게 질긴 검푸른 밀림
창파에 뜬 일엽주一葉舟
풍랑에 숨은 달무리 매가리 없이
등댓불 깜박거린다.

사뭇 머리 팍 구차함 벗겨
책망의 설렘 없는 발치에
참담한 행사 앙증한 눈길 끌리다.

홍시紅柿의 까치밥

감나무 꼭지에 몰랑한 홍시
파란 겨울 하늘 연지 하나 찍고
흔캐히 까치밥 되어 붙어있는가…

11월의 캘린더 한 장 붙들어 매고
일손 바빠 가파름으로
마음속 이지러뜨리다.

해넘이 해맞이 명암 물고
얼기설기 매듭 없는 타래실
만발의 몽환의 꿈결에
노심초사의 야트막한 산비탈
거친 숨결로 아득바득 오르다.

조잔한 아둔 패기 속내
도려내지 못한 환각 색깔
벼랑 끝 우두커니 초췌하다.

마지막 장 11월의 세모
지구력을 덧없이 기른다.

물 향기 수목원樹木園

초록 숨결 꽃 향 내음
아취가 풍기는 공원
물 향기 수목원 찾아든다.

나뭇잎 너울거린 울창한 숲 속
잿빛 조각구름 아우르지 않고
소박한 자연의 탈바꿈은
어린 날의 꿈결 첨벙대며
버거운 나그네 마음 반기다.

도랑물 잔잔한 흐름 위에
비둘기 한 마리 살짝 떠
날갯짓 파닥이며 멱 감는 데
심술궂은 장난꾸러기 아이들 팔매질
그림 한 폭의 평화를 날려 보낸다.

푸른 숲 그늘 벤치에 앉아
골칫덩어리 쭉정이 키질하며
유장히 날리는 꽃가루
눈시울 아려 오는 데

오도깝스런 세사 싫어
창공을 비상하는 비둘기여!

교활狡猾한 여우

울어야 체면이 선다면 울어야겠지
새벽 한밤중에도 멤~ 멤~ 징징....
시새움 하듯 울어 뿜는 매미 소리
지겹도록 밉살맞다.

가마솥 찜통 속에 이러쿵저러쿵
가슴팍 목말라 억지 쓴 절규
교활한 뒷맛 언짢다.

높은음자리표 퍼 올 린 기백
청각장애 핑계 삼아
체면 세운 불사不辭가
스트레스 해소 이런가...
파도 방파제 끝에 부딪뜨리다.

마음속 차오른 슬픔 씨앗
허공 가르는 노랫가락
안달복달 볶아치는 심술패기
본체만체 깔아뭉갠 짓궂은 색깔
한 줌의 재로 소각장 쌓이다.

지구촌의 소용돌이친 우격다짐은
애수 어린 풀벌레 울음선율이
애틋한 여운 남기고 있다.

가요 산책

즐거운 노래가락 마음 그리며
서글픔, 흥겨움 속
쭉정이 잠재워
짜릿한 몸골 타박거리다.

고요의 호수 거울 초승달 뜨고
인생의 기로에 선
사랑의 심야 노래 줄기에
흐리마리한 폭죽의 안개꽃
허공에 나래 달아놓는다.

투구 쓰고 싸움 터전
승리의 기꺼움 깃발 꽂아
그늘진 야윈 된서리에
비구름 폭풍 흉물 몰아내친다.

철장 막 무엇이 헐어내는가!
아려 내린 강철의 진액
빈자리 더듬어 채워
아카시아 단 꽃 내 아우르진
넝쿨장미 사랑 피 끓는다.

해묵은 거뭇한 산자락
구름 따라 푸른 빛 머금고
수려한 병풍 나긋이 너울지다.

막다른 골목

가도 가도 터벅거리는 길
툭 뚫린 길목이 아쉽다.

숨통 막힌 철조망에
숨어 있는 야생화처럼
푸른 그리움에 못이긴
부릅뜬 눈매 사색에 잠기다.

새벽안개 자락 새벽달 애틋이 숨겨
가는 날 오는 날
헐떡인 숨소리 걸음 멈칫한다.

진흙탕 물에 신발 묶인 자국
뽀얀 허벅지 주저앉히고
비틀거린 주정뱅이
막다른 골목 전주에 부딪혀
인사불성 혼불 나간 송장 뻗었다.

북반구 빙하로 덮였던 빙하시대
지구촌 온난화에 밀린 얼음 조각들
겨울 햇살 둥글게 선회하며
적조赤潮의 물살 꾸물꾸물
항해 속력 출렁이다.

6 月의 하늘

짓궂은 먹구름 속에 끌려간
6월의 하늘
앞길 가뭇하여 걸음나비 느릿하다.

이른 장맛비 가뭄 깨는 소리
슬며시 숨어버린
작열한 태양 햇살

찌든 수챗구멍 시궁창 악취
매시근히 물살 흘러 질척인데

심술궂게 요망 떤 물살은
논, 밭, 물구덩이로 올가미 씌워
깊은 수렁에 침몰된다.

맞갖잖은 장대비 소리
불볕더위 땀구멍 뚫리어
척박한 토양
김매는 농부들의 기쁜 함성은
풍년의 환호성 펴 올린다.

무대武大

묵향墨香의 무대는
지지리 못생긴 미련한 멍텅구리 아니야…

미련스런 척 묵묵히
인심노적 쌓아놓은 양해 너그러이
현실고비 채우는 앞가림하고

참아 견뎌내는 명석한 두뇌 한도 없이
포위망 갇혀 맥 빠진 두꺼운 두 얼굴

고립된 무인도無人島 으슥한 사면초가
무대 아닌 무대 움켜 준 착각
강 건너 불 보듯 방관한 모양새

앙증스럽고 왜소한 갓난애 체구 빗대어
멸시의 분노 봇물 쏟아내려 퍼붓고

업신여김 짬 없이 봇짐 꾸릴 채비가
생사의 기로에 우뚝 솟은 모양

일비일희一悲一喜 도가니 번갈아
자연의 섭리 세상 모두 가누다
잠잠히 오므린 입술 그냥 열리지 않는다.

변천 바람결

아지랑이 피어오른 봄 들판
가득 담은 푸르스름한 산야에
형형색색 새 생명 활력소 넘치고
수채화 물감 생동 넘쳐흐르다.

산들산들 부는 바람 화분花粉 날렵히
길 나그네 머리 위 향긋이 쌓고
일렁인 봄바람 고즈넉하다.

쑥쑥 자란 울울창창한 큰 나무들
울연히 되돌려놓은 초목 빛
천덕구니 풀꽃, 노란 민들레 아련히
아스팔트 틈새 입술 빵긋 열었다.

흩어진 연둣빛 융단 잔디밭에
하얀 꽃잎 수놓아 화사한 액세서리

변천 바람 충만히 옹골지게
시한부 끝자락 닻줄 매어놓아
초롱초롱 별빛 줄기 자연 빼곡히
밉살스런 민들레꽃 얕잡아본다.

삼라만상森羅萬象의 채색화

큰 물 항아리 속 깊숙이 몰아넣은
물심양면 구분 없이
밑창 뚫린 갈림길은

기상급변 탓 이련가…
벙거지 위 쏟아진 냉정한 우박
배은망덕도 유분수지 모르쇠가
시정 아낌없이 살갑게 군 情

낙엽 바스락 소리 갈바람 타고
퍼붓는 언행의 포말 눈 거슬린 같잖음
소화불량증세 멋모른 시달림

미꾸라지 꼬리 눈치껏 빠져나간
레벨치곤 고리타분한 약사빠름

삼라만상 온갖 빛깔 향취가
황량한 벌판에 으르댄들
볼거리 풍성히 덧없는 일

야호 소리 한바탕 산등성 올라
뒤엉킨 계곡 물줄기 소용돌이 함께
말끔히 걷힌 비 오듯 낀 물안개
하산 길 접힌 세상 달관한 삶 일이다.

무미건조의 세만

잔뜩 울먹인 겨울 하늘
거뭇한 감정 시공 세계 무디다

새벽녘 눈보라 헤친 걸음발
빽 흩어진 함박 눈꽃 쌀쌀맞다

희뿌연 안개꽃 으스름 달빛 아래
시치미 뗀 스산한 계곡 정서
의뭉 떤 미세 물 펄펄 날래다

눈꽃 자락 무미건조의 세만 향내
구닥다리 옛 동아리 멀찍이서
몰골 추태 음침한 멋대가리

멀거니 뒤안길 갈래갈래
빙긋한 모나리자 미소
떨떠름히 못 잊어 사라지다

밤거리 헤맨 시린 세밑
앙칼스런 피아르 활력소 바탕
울화 선별하는 마지막 도태
고스란히 깔린 세모의 눈발
새해 첫 해돋이 날렵하다.

장기 자랑

장기자랑 사랑놀이 마당은
초등부, 청년, 성인 팀 이르기까지
청량한 노래와 날렵한
몸매의 춤사위 놀이 가득하다.

초등부의 무대는 드넓은 바다,
갈매기 떼의 날갯짓
푸드덕거린 씩씩한 모습들

중등부의 무대는 광활한 뽐냄,
짙푸른 빛 타령 우렁차게 이지러지다.

고등부의 무대는 알뜰살뜰한 속내,
경쾌한 교활함에 무르익고

청년 성인무대는 노래와 춤 덩실덩실 신명 나게
참사랑 애련히 즐겁게 토해낸다.

노인 무대는 흐린 숨소리, 유장한 성품으로
젊음 아첨하는 서릿발 딛고
사랑 거드름 피운다.

앞길 달린 회색빛 날개는
뭉클한 감격의 기복 어리벙벙하고
칭송의 박수 갈채 소리
환호성 언덕 베기 자자하다.

형제자매들 혈기왕성한 사랑 돈독 펼쳐
화기애애한 분위기 넘쳐흐르다.